Regina und Michael von Brück

Die Welt des tibetischen BUDDHISMUS

Regina und Michael von Brück

Die Welt des tibetischen BUDDHISMUS

Eine Begegnung

Kösel

Den tibetischen Freunden
im indischen Exil

Mit 10 Fotos von: Michael von Brück - S. 67, 99, 110, 121, 124, 126, 133; Foto Bulmer, Wangen - S. 29; Heiner Heine - S. 106; Foto Studio Liselotte Weich, München - Frontispiz: Avalokiteshvara, der Bodhisattva der Barmherzigkeit mit tausend helfenden Armen, als dessen Verkörperung die Dalai Lamas gelten.

ISBN 3-466-20402-X

Druck und Bindung: Kösel, Kempten
Umschlag: Elisabeth Petersen, München
Umschlagmotiv: Ein Mönch mit den Blumen
im Drepung-Kloster, Tibet Lhasa;
© Tony Stone Bildwelten, München
1 2 3 4 5 · 00 99 98 97 96

Gedruckt auf umweltfreundlich hergestelltem Werkdruckpapier (säurefrei und chlorfrei gebleicht)

Inhalt

Vorwort des XIV. Dalai Lama

Seit mehr als eintausend Jahren haben die Tibeter die Lehren des Buddha in ihrem vollen Umfang bewahrt. Dabei sind diese Lehren im Laufe der Jahrhunderte immer wieder analysiert, kommentiert und vor allem praktiziert worden und haben sich so zur Grundlage der tibetischen Kultur entwickelt. Sollten sie verloren gehen, wäre dies für das kulturelle Erbe der Welt ein erheblicher Verlust.

Durch lebendige Erfahrung in buddhistischer Meditation haben die Praktizierenden profundes Wissen über das Wesen und die Funktionsweisen des Geistes erlangt – eine »innere« Wissenschaft, die die »äußeren« Wissenschaften mit ihrer herkömmlichen Forschung ergänzt. Die Erfahrung zeigt, daß technologische Entwicklung allein – wie bedeutend sie auch sein mag – nicht zu einem dauerhaften Glück führen kann. Denn nahezu immer mangelt es an einer entsprechenden inneren Entwicklung.

Die religiöse Kultur Tibets enthält viele Aspekte, die für andere Menschen von weitreichendem Nutzen sein können, wie zum Beispiel das medizinische Wissen, eine friedensstiftende Weltanschauung und die Ehrfurcht vor der Umwelt. Doch geht es mir nicht darum, irgend jemanden zum Buddhismus zu bekehren, sondern um die Frage, wie wir Buddhisten auf der Grundlage unserer Anschauungen einen Beitrag für die menschliche Gesellschaft leisten können.

Ich werde oft gefragt, ob die Lehren und Übungsweisen des Buddhismus, der seine Ursprünge ja in Asien hat, für Menschen in westlichen Ländern geeignet seien. Wie in allen Religionen geht es im Buddhismus um die grundlegenden Probleme des Menschen. Solange wir Menschen die elementaren menschlichen Leiden wie Geburt, Krankheit, Alter und Tod erfahren, beantwortet sich diese Frage von selbst.

Bei der Praxis des Buddhismus geht es um Meditation, Handeln und die geeigneten Anschauungen. Durch Meditation können wir den Geist zur Ruhe bringen und stabilisieren sowie seine positiven Eigenschaften verstärken. Geistesfrieden ist die Quelle von Glück. Wenn der Geist ruhig und klar ist, können wir darüber hinaus unsere natürliche Intelligenzkraft voll ausschöpfen, welche die Wurzel aller menschlichen Potentiale ist. Wer mit der Meditation beginnen möchte, kann dies tun, indem er einfach eine bequeme Körperhaltung einnimmt und den Atemvorgang beobachtet.

Inbegriff des Handelns nach buddhistischen Maßstäben ist Gewaltlosigkeit. Gewaltlosigkeit bedeutet nicht einfach die Abwesenheit von Gewalt, sondern ist eine mehr positiv bestimmte und sinnstiftende Eigenschaft. Wahrhaftiger Ausdruck von Gewaltlosigkeit ist Barmherzigkeit. Manche Menschen vertreten die Ansicht, daß Barmherzigkeit lediglich eine passive emotionale Reaktion sei, also nicht ein rational begründeter aktiver Impuls zum Handeln. Aber echte Barmherzigkeit bedeutet, ein Gefühl der Nähe zu anderen zu entwickeln, und zwar verbunden mit dem Gefühl der Verantwortung für ihr Wohlergehen.

Heute finden wir im globalen Maßstab ein wachsendes Bewußtsein für die Bedeutung von Gewaltlosigkeit, aber die Anwendung derselben beschränkt sich nicht nur auf den Menschen, sondern schließt die Ökologie, die Umwelt und unsere Beziehung zu anderen Lebewesen ein, mit denen wir uns diesen Planeten teilen. Gewaltlosigkeit kann in unserer ganz alltäglichen Lebenspraxis, völlig unabhängig von unserer Stellung oder Berufung, verwirklicht werden.

Eine der Grundanschauungen des Buddhismus ist die der gegenseitigen Abhängigkeit aller Dinge und Erscheinungen. So lehnen die buddhistischen philosophischen Schulen insgesamt die Vorstellung und den Begriff einer unabhängigen Existenz von Dingen und Lebewesen ab. Nichts existiert getrennt von anderem. Im Gegenteil, alles ist verbunden mit und abhängig von etwas anderem. Keine Spezies, auch nicht die menschliche, kann sich außerhalb der Welt stellen, da wir alle gegenseitig voneinander abhängig sind.

Nach meiner eigenen Erfahrung führt tägliche Meditation, das Eindämmen übermäßigen Verlangens, Gewaltlosigkeit und eine Haltung der Ehrfurcht vor der Umwelt und meinen Mit-Wesen, zu denen ich in einer Beziehung gegenseitiger Abhängigkeit stehe, zum Frieden des Geistes. Und dieser Geistesfrieden wirkt sich auch positiv auf die Gesundheit aus. Gerade angesichts der vielen Schwierigkeiten, denen ich in meinem Leben gegenübergestanden habe, fühle ich, wie wesentlich der Frieden des Geistes hierbei war. Und ich glaube, was für mich gut und hilfreich ist, kann auch anderen Menschen Nutzen bringen.

Für diejenigen, die am Buddhismus interessiert sind, ist die Anwendung der Lehren – ihre Umsetzung in die Praxis – das Wichtigste. Denn das Ziel jeder Religion besteht darin, selbst zur Reifung zu gelangen, anstatt andere zu kritisieren. Wirklich wesentlich ist die Praxis im täglichen Leben, durch die allmählich der wahre Wert der Lehren erkannt wird. Denn die Lehre des Buddha ist nicht dazu gedacht, als bloßes Wissen bewahrt zu werden, nein, sie soll zur Entwicklung unseres Geistes benutzt werden. Dafür muß sie selbst Teil unseres Lebens werden.

Wer mit der Praxis beginnt, sollte anfangs die Erwartungen nicht zu hoch stecken. Innere Entwicklung braucht Zeit und ist nicht einfach. Aus diesem Grunde ist eine Grundhaltung von Hingabe und Entschlossenheit außerordentlich wichtig. Der Übende muß praktizieren, ohne in seinem Bemühen nachzulassen. Innere Entwicklung entfaltet sich Schritt für Schritt. Wenn Sie sich über Ihre Fortschritte Rechenschaft geben wollen, sollten Sie Ihren gegenwärtigen Zustand nicht mit dem von gestern oder der letzten Woche und auch nicht mit dem vor einem Jahr vergleichen, sondern mit Ihrer Haltung vor fünf Jahren.

Professor Michael von Brück, ein alter Freund der Tibeter, der Wertvolles zum Christlich-Buddhistischen Dialog beigetragen hat, hat dieses Buch gemeinsam mit seiner Frau geschrieben, um den Tibetischen Buddhismus einer interessierten Öffentlichkeit in Deutschland zugänglich zu machen. Ich hoffe, daß die Leser darin Mittel und Wege finden werden, ihren eigenen Geistesfrieden zu vertiefen, so daß auf diese Weise auch der Frieden in der Welt gestärkt wird. Gleichzeitig bin ich sicher, daß das Buch den Lesern eine tiefere Wertschätzung der tibetischen buddhistischen Kultur ermöglichen kann. Angesichts größter Schwierigkeiten sind wir Tibeter, die wir im Exil leben, bisher in der Lage gewesen, diese Kultur zu bewahren, aber auf lange Sicht können wir sie nur dann lebendig erhalten, wenn wir in Freiheit in unser Heimatland zurückkehren. Damit das geschehen kann, bedürfen wir der fortgesetzten Unterstützung all der vielen Freunde, die wir in der ganzen Welt bereits haben, und noch vieler mehr.

15. Dezember 1995

Einleitung

Die Begegnung einander bisher fremder Religionen in unserer heutigen Welt ist eine einzigartige Chance, nicht nur die Gestaltung von Frieden und Gerechtigkeit auf der Erde zu fördern, sondern sie kann auch zur Vertiefung des jeweils eigenen religiösen Weges führen. Dies geschieht besonders dann, wenn wir in dieser Begegnung zu den Wurzeln religiösen Fragens vorstoßen. Religionen können im gegenseitigen Austausch einander bereichern, damit das, was Menschen glauben, hoffen und zu leben versuchen, in vertiefter Praxis zur Reifung des einzelnen wie zum Wohle ganzer Gruppen und Völker beitragen kann. Buddhismus und Christentum sind verschiedene Religionen, die nicht auf einen gemeinsamen Nenner reduziert werden können. Aber in beiden Traditionen suchen Menschen danach, sich selbst zu verstehen, die Wirklichkeit zu interpretieren und Wege zur Befreiung aus leidvollem Leben zu gewinnen. Heute arbeiten, beten und meditieren Buddhisten und Christen gemeinsam in einer Welt, die zutiefst erlösungsbedürftig ist. Die buddhistischen Tibeter können als Beispiel gelten für den Umgang mit Problemen und Hoffnungen in unserer Zeit: Dieses Volk durchleidet Unterdrükkung, Vertreibung und Mord, und doch strahlt aus den meisten Tibetern der Geist der Vergebung und der Liebe. Sie bemühen sich durch gezielte Bewußtseinsschulung, der Vesuchung des Hasses gegen ihre Unterdrücker zu widerstehen und stattdessen durch gewaltfreien Widerstand nicht nur ihre Freiheit zu erlangen, sondern auch die Herzen ihrer Peiniger zu verwandeln. Lebendes Symbol für diese Haltung, die im tiefsten auch christlichen Hoffnungen entspricht, ist der XIV. Dalai Lama. Er möchte zeigen, daß rational verantwortete Politik auch eines gütigen Herzens bedarf. Wie ein solches entwickelt werden kann, hat er in unzähligen Vorträgen und

Dialoggesprächen erörtert. Um Menschen in Europa einen Einblick in die religiösen Hintergründe dieser Geisteshaltung zu ermöglichen, haben wir diese Aufzeichnungen über unsere *spirituelle Begegnung* mit dem tibetischen Buddhismus veröffentlicht. Dabei ist es notwendig, die historischen und philosophischen Hintergründe möglichst genau zu verstehen, aus denen sich die tibetisch-buddhistische Kultur entwickelt hat.

Zum besseren Verständnis stellen wir einen kurzen Abriß der Geschichte Tibets seit Einführung des Buddhismus voran, denn diese Kultur lebt ganz und gar aus dem Bewußtsein der Sukzession geistiger Überlieferungstraditionen, die seit Einführung des Buddhismus in Tibet von Indien her ungebrochen sind. Sodann folgt eine Darstellung wichtiger Aspekte der tibetischen Bewußtseinserfahrung und -philosophie. Eine umfassende Beschreibung und Deutung würde Bände füllen, und wir sind uns des Wagnisses der Vereinfachung wohl bewußt. Viele Begriffe aus dem Sanskrit oder dem Tibetischen lassen sich kaum ins Deutsche übertragen, denn jedes deutsche Wort weckt Assoziationen, die falsch sein können. Wir haben eigene Deutungen versucht, wo wir meinten, in Gemeinschaft und Gespräch mit den Lamas etwas vom inneren Wesen der Sache erspürt zu haben. Wir gehen dort über die Wiederholung traditioneller Denkmuster hinaus, wo es uns für das bessere Verständnis sinnvoll zu sein schien. Daß Deutungen weder eindeutig sind noch zum Ende kommen, muß der Leser im Auge behalten. Auch sind die Schulunterschiede der verschiedenen tibetischen Traditionen zum Teil nicht unerheblich, und nicht alle Details konnten berücksichtigt werden.

Dennoch soll auch dem religionswissenschaftlich nicht geschulten Leser ermöglicht werden, die tibetische Kultur von ihren eigenen buddhistischen Grundlagen her verstehen zu lernen. Für die religionskundlich Interessierten haben wir die Begriffe zuerst in Sanskrit und an zweiter Stelle in Tibetisch hinzugefügt. Gelegentlich steht nur der Sanskritbegriff (skt.) oder nur das tibetische Wort (tib.), wobei wir im Tibetischen bei sehr bekannten Worten die Laute phonetisch und nicht in der wissenschaftlichen Umschrift wiedergeben. Auf die vielen Randerscheinungen, die um ihrer Exotik willen immer wieder in der Literatur von Reisebeschreibungen auftauchen, haben wir unsere Aufmerksamkeit nur im Ausnahmefall gerichtet. Es ist uns vielmehr Verpflichtung gewesen, das Vermächtnis eines der wichtigsten tibetischen Medien, die als Orakel wirken, aufzuzeichnen und mit seiner Erlaubnis zu publizieren. Der dritte Teil versucht, dies behutsam zu tun, verbunden mit dem Wunsch, daß dies vielen Menschen größere Klarheit und Hilfe im Blick auf eigene geistige Erfahrungen und Probleme bringen möge.

Allen voran gilt S.H. dem XIV. Dalai Lama größter Dank, denn er hat die Programme zum buddhistisch-christlichen Dialog in Indien nicht nur begleitet, sondern aktiv gefördert. Daß wir ihm dabei auch menschlich nahe kommen durften, gehört zu den beglückenden Erfahrungen, die auch hinter diesem Buch stehen, selbst wenn wir die Geschichte der Dalai Lamas und die faszinierende Gestalt des gegenwärtigen Oberhauptes des tibetischen Volkes nicht ausdrücklich zum Thema gemacht haben[1]. Choeyang Dulzin Kuten Lama gebührt der Dank dafür, daß er uns vorbehaltlos seine Erfahrungen anvertraut hat. Die geistige Gemeinschaft, die um Pater Bede Griffiths im christlichen Shantivanam-Ashram in Südindien gewachsen war, erwies sich als idealer Ort für viele christlich-buddhistische Begegnungen. Insbesondere im Gespräch mit dem Kuten Lama, mit Zong Rinpoche und Lati Rinpoche, dem damaligen Abt des Gaden-Klosters, haben wir die Geisteswelt des tibetischen Buddhismus in monastischer Intensität über die Jahre hinweg tiefer kennengelernt. Wir bedanken uns für die Hilfe vieler tibetischer Freunde, vor allem Ven. Cheme Tsering, Mönch des Gaden-Klosters, und für die kritische Durchsicht des Manuskriptes durch Herrn Christoph Spitz vom Tibetischen Zentrum Hamburg.

Als Christen befinden wir uns mit unseren buddhistischen, hinduistischen, jüdischen und muslimischen Freunden, ja mit allen Menschen, gemeinsam auf einem Weg. Die Studien zu diesem Buch waren ein Stück dieses Weges dialogischer Gemeinschaft. Mögen sie zum Verständnis unter den Menschen beitragen und anregen, Liebe und heilende Hinwendung zu allen Wesen mutiger zu praktizieren.

Zu Umschrift und Aussprache der Begriffe in Sanskrit und Tibetisch

Der Verlag verzichtet bei der Umschreibung der Sanskrit-Begriffe auf die in der wissenschaftlichen Literatur üblichen diakritischen Zeichen. Lange Vokale werden allerdings markiert, und für palatales und dentales *s* steht im Deutschen *sh.* Das *r-sonans* wird mit *ri* umschrieben, für *n-Varianten* steht *n* bzw. *ñ,* dentale und cerebrale Laute werden in der Umschrift nicht unterschieden. Für die Aussprache ist weiterhin zu beachten, daß c wie *tsch, j* wie *dsch,* y wie *j* und *v* wie *w* gesprochen wird.

Die tibetischen Begriffe werden in wissenschaftlicher Umschreibung wiedergegeben, wenn sie nicht schon so geläufig sind, daß der Abdruck in Anlehnung an die deutsche Aussprache bzw. an gewohnte Formen geraten erscheint.

1. Geschichtlicher Überblick

Hintergrund

Die Tibeter gehören im weiteren Sinn zu den mongolischen Völkern, im engeren Sinn zur tibeto-birmanischen Sprachfamilie. Der tibetische Name für »Tibet« ist *bod*, ausgesprochen *pö*. Die Himalaya-Grenzvölker bezeichnen die Tibeter als *bhotias*, was von dem Sanskrit-Wort *bhota* kommt, dem alt-indischen Namen für Tibet. Viele andere Sprachen haben Begriffe für das Land des Schnees: im Mongolischen gibt es die Bezeichnung *thubet*, im Chinesischen *tufan*, in Thai *thibet* und im Arabischen *tubbat*. Daran zeigt sich, daß das alte Tibet kein isolierter Flecken Erde war, versteckt hinter den hohen Bergen des Himalaya, sondern ein Schmelztigel der Kulturen, verbunden durch alte Handelsstraßen mit den großen und kleineren Kulturen ganz Asiens, bis hin zum arabischen Raum.

Über die früheste tibetische Geschichte ist wenig Verläßliches bekannt. Der 9. König in der tibetischen Chronologie, Podekungyal, war vermutlich ein Zeitgenosse des chinesischen Kaisers Wu-ti (185-140 v.Chr.) aus der Han-Dynastie. Der nach buddhistischer Zählung 28. König, *Thotori Nyantsen* (geb. 173 n.Chr.), soll im Jahre 233 n.Chr. erstmals mit dem Buddhismus in Verbindung gekommen sein, was aber ohne nennenswerte Folgen blieb.

Als der Buddhismus im 7./8. Jh.n.Chr. nach Tibet kam, lag bereits eine mehr als tausendjährige Geschichte hinter ihm. In dieser Zeit hatte er große Entwicklungen durchgemacht und viele Elemente aus benachbarten Kulturen und Religionen in sich aufgenommen (griechisch-hellenistische, iranische, zentralasiatische, manichäische und sogar nestorianisch-christliche). Ausgehend von der Erleuchtungserfahrung des nordindischen Prinzen Gautama Shâkyamuni (ca. 560-480 v.Chr.), der als »der Erwachte« (*buddha*) bezeichnet wurde, weil ihm in einer außerordentlichen geistigen Transformation plötzlich die Erkenntnis der Soheit (*tathatâ*) der Wirklichkeit zuteil geworden war, kam es zur ersten Gründung einer fest ansässigen Mönchsgemeinschaft (*samgha*) in der Geschichte der Menschheit, der später auch ein Nonnenorden angegliedert wurde. Diese Orden lebten nach den Regeln (*vinaya*), die der Buddha empfohlen hatte, verwalteten sich selbst demokratisch und stellten ein auf Gleichberechtigung aller Menschen basierendes Gegenmodell zur indischen Kastengesellschaft dar. Die Lehren des Buddha wurden systematisiert und die Mönchsregel den sich ändernden Umständen angepaßt. Dabei kam es zu Spaltungen im *samgha*, und die buddhistische Bewegung entwickelte verschiedene Schulen und Untergruppierungen.

Seit etwa dem 1. Jahrhundert v.Chr. machte eine neue Bewegung von sich reden, die man das *Mahâyâna* (»großes Fahrzeug«) nannte. Sie wandte sich gegen die übermäßige Hierarchisierung von Mönchen und Laien und kritisierte, daß die philosophisch-scholastischen Begriffsspiele der klassischen Schulen den Blick auf das Eigentliche des Buddhismus verstellt hätten: die Entwicklung von Weisheit (*prajñâ*) und barmherziger Hinwendung zu allen Lebewesen (*karunâ*) durch Meditation. Der Buddha, so hieß es in einer der wichtigsten Schriften dieser Schule, dem Lotos-Sûtra, habe die Menschen je nach ihren Voraussetzungen und Fähigkeiten in unterschiedlicher Weise belehrt, und diese geschickten Mittel (*upâya*) dürfe und müsse man anwenden, um die notwendige Läuterung des Bewußtseins und der Motivationen der Menschen schnell zu bewirken. Alles, was dem Ziel der Bewußtseinsschulung, der Meditation vor allem, diente, konnte also in das buddhistische Universum integriert werden.

Eine Folge dieser Entwicklung war die Entstehung des *tantrischen Buddhismus*, der eine Parallele im hinduistischen Tantrismus hat. Nach dieser Schule kann die gesamte Wirklichkeit als *Verdichtung bzw. Ausdifferenzierung* des einen geistigen Kontinuums gelten, das immer war und immer sein wird. Die mentale, psychische und materielle Wirklichkeit, wie wir sie kennen, ist eine mehr oder weniger subtile Manifestation dieses *einen Geistesgrundes.* Die Konsequenz dieser Anschauung ist, daß die ganze Wirklichkeit *sakramental* ist, d.h. nichts ist unrein oder schlecht, alles kann als Mittel der Reinigung und Befreiung auf dem geistigen Weg dienen. So wurden bestimmte Übungen des frühen asketischen Buddhismus umgeformt in Visualisationsübungen, bei denen das bisher »Verbotene« integriert und mit der geistigen Kraft des integrierenden Bewußtseins gereinigt wurde. Götter und Dämonen, die das innere geistige und das äußere kosmische Universum bevölkerten, wurden nun als geistige und psychische Kräfte des Bewußtseins interpretiert, denen sich der Übende aussetzen mußte und die er immer wieder vor sein inneres Auge stellte, um sie zu integrieren: Alle Energien von Körper, Rede und Geist, so heißt es im Tantra, müssen in die Energieform des Erleuchtungsbewußtseins eines Buddha umgeformt werden. In bezug auf die Energien des *Körpers* geschieht dies vor allem durch Niederwerfungen, Opfergaben, Gehmeditation und Yogaübungen; in bezug auf die Energien der *Rede* durch die Rezitation von Mantras und Liturgien; in bezug auf die Energien des *Geistes* durch Visualisationen, in denen die normale dualistische Wahrnehmung (das »Ich« als Subjekt nimmt ein »Anderes« als Objekt wahr) überwunden wird durch die geistige Manifestation einer »göttlichen Wesenheit« (skt. *devatâ*, tibet. *lha*), mit der sich der Übende identifiziert, bis er ganz und gar mit ihren vollkommenen Eigenschaften verschmilzt.

Die Erste Verbreitung des Buddhismus

Die *Erste Verbreitung des Buddhismus* fällt mit dem Aufstieg Tibets zu überregionaler politischer Macht zusammen, der mit König *Namri Songtsen* (gest. 620) begann und seinen Höhepunkt in der Einnahme der chinesischen Hauptstadt der T'ang-Dynastie, Ch'ang-an (heute Xian), im Jahre 763 unter König *Trisong Detsen* (755-797) erreichte. Sein Vorgänger, König *Songtsen Gampo* (Regentschaft

620-649 n.Chr.) hatte Tibet geeint und durch die Eroberung des nördlichen Birma und Nepals im Jahre 640 zur regionalen Großmacht erhoben. Ihm schreibt die Tradition die Einführung des Buddhismus in Tibet zu. Er sandte seinen Minister *Thonmi Sambhota* nach Indien, um die indische Schrift (eine von der indischen Brahmi- und Gupta-Schrift abgeleitete Vorform der Devanagari, die seit ca. 350 n.Chr. in Gebrauch war) zu studieren, sie dem tibetischen Lautstand anzupassen und in Tibet einzuführen. Damit entwickelte sich in Tibet eine Schriftkultur in Anlehnung an und in engem Austausch mit Indien. Diese Einführung der Schrift war die Voraussetzung für die kulturelle und politische Einigung Tibets sowie für die Übersetzung der indischen buddhistischen Schriften, also für die Einführung des Buddhismus überhaupt. Songtsen Gampo habe, so heißt es, die nepalesische Prinzessin *Bhrikuti Devi* (genannt Belsa, »die nepalesische Frau«) geheiratet, um im Jahre 641 zusätzlich noch die chinesische Prinzessin *Wen-ch'eng* (genannt Gyasa, »die chinesische Frau«) zu ehelichen, die beide den Buddhismus mit nach Tibet gebracht hätten, und zwar in der nördlich-chinesischen Form und in der südlich-indisch-nepalesischen Form. Die Spannung zwischen beiden Formen des Buddhismus ist einer der Gründe für die große *geistige Fruchtbarkeit des tibetischen Buddhismus.* Während die indische Form den Stufenweg zur Vollkommenheit betont, für den ein allmähliches Wachsen an Erkenntnis, Moralität und Disziplinierung des Geistes charakteristisch ist, zeichnet sich die chinesische Form (zumindest in der Gestalt des Ch'an-Buddhismus) durch plötzliches Erwachen, Spontaneität und radikale Lösungen aus.

Historisch greifbarer als die Legende um Songtsen Gampo ist die Rolle des folgenden Königs, *Trisong Detsen.* Er lud den bedeutenden indischen Meister des tantrischen Buddhismus, *Padmasambhava* (»Guru Rinpoche«) nach Tibet ein, um mit seiner Hilfe den Buddhismus zu verbreiten, nachdem der ebenfalls auf Einladung des Königs in Tibet missionierende buddhistische Gelehrte *Shântirakshita* (kein Tantriker) am Widerstand der Priesterschaft der Bon-Religion gescheitert war. Nicht zufällig war es der tantrische Buddhismus, dem in Tibet Erfolg beschieden war, denn er konnte die geistigen Mächte der vorbuddhistischen Bon-Religion integrieren und dem buddhistischen *dharma* nutzbar machen nach dem Modell, das wir oben beschrieben haben. Schon unter Trisong Detsen wurde mit der systematischen Übersetzung von Hînayâna- und Mahâyâna-Texten begonnen. Vom königlichen Hof begünstigt, gewannen die Klöster zunehmend wirtschaftliche Unabhängigkeit und politischen Einfluß.

Auf einem legendären Konzil (792-94), das Trisong Detsen im Kloster Samye bei Lhasa (das von Shântirakshita gegründet und mit einer vorzüglichen Sanskrit-Schule ausgestattet worden war) einberief, soll nach einer Debatte zwischen dem Chinesen Hoshang, der möglicherweise ein Anhänger des Ch'an war, und dem Inder *Kamalashila* vom König zugunsten der *indischen* Form des Buddhismus entschieden worden sein. Das bedeutete zweierlei:

- Tibet übernahm aus Indien *erstens* die strikt hierarchisch gegliederten klösterlichen Institutionen,
- *zweitens* die buddhistischen Schriften (*sûtras*) und die zugehörige philosophische Kommentarliteratur (*shâstras), d.h. es entwikkelte sich nach indischem Vorbild eine in den Klöstern beheimatete Gelehrsamkeit.*

Chinesische Quellen geben den Verlauf der Debatte von Samye und ihres Ausgangs anders wieder als die offiziell tibetischen. Wie auch immer: das Ergebnis dürfte auch von politischen Interessen des Königs beeinflußt worden sein. Um 750 gab es militärische Allianzen zwischen Tibet und Siam gegen China, und im Jahre 763 setzte Trisong Detsen eine starke Armee gegen Zentral-China in Marsch, die Ch'ang-an eroberte, so daß der chinesische Kaiser fliehen mußte. Die tibetische Armee setzte einen tributpflichtigen Kaiser ein und zog sich zurück. In diesen Auseinandersetzungen war der kulturelle und religiöse Kontakt mit Indien auch politisch vorrangig.

Als im Jahre 815 König *Ralpachen* die Herrschaft übernahm, wurden die Kontakte nach Indien noch enger. Er lud drei indische buddhistische Meister ein (*Shîlendrabodhi, Dânashîla* und *Jinamitra*), die gemeinsam mit den tibetischen Gelehrten *Kawa Paltsek* und *Chogro Lui Gyaltsen* das erste Sanskrit-Tibetische Wörterbuch erarbeiteten.

Freilich verlief die Einführung des Buddhismus nicht problemlos. Der tibetische Adel und die lokalen Fürsten wehrten sich gegen die königlichen Versuche, die Zentralmacht zu stärken. Auch die Bon-Priesterschaft setzte ihrer Entmachtung durch die buddhistischen Mönche Widerstand entgegen. König Ralpachen wurde von seinem älteren Bruder Darma, der bei der Thronfolge übergangen worden war, mit Hilfe der Gegner des Buddhismus im Jahre 836 ermordet. Der neue König »Lang« (der Bulle) *Darma* (838-842) kehrte zur Bon-Religion zurück und ließ den Buddhismus verfolgen – die Mönche mußten zur Bon-Religion konvertieren, wurden zur Heirat gezwungen und zum Kriegsdienst verpflichtet. Die klösterlichen Besitzungen wurden eingezogen und buddhistische Bücher vernichtet. Die Verfolgungen des Buddhismus hatten – wie übrigens gleichzeitig in China – vor allem ökonomische Gründe: der Staat sah die wachsende wirtschaftliche Macht und Privilegien der Klöster (Befreiung von Steuer und Militärdienst) mit Sorge, zumal sich das Schwergewicht der Macht von den traditionellen Adels- und Grundbesitzerfamilien auf die Klöster und deren Äbte verlagert hatte. Als die Verfolgungen immer härter wurden, erschoß der buddhistische Mönch Lhalung Palgye Dorje den König 842 vor dem Jokhang-Tempel in Lhasa mit Pfeil und Bogen. Mit dieser massiven Verfolgung war die *Erste Verbreitung der Lehre* beendet.

Die Zweite Verbreitung des Buddhismus

Im Verborgenen, insbesondere in den Grenzprovinzen Tibets, lebte das buddhistische Gedankengut weiter. Im 10. Jahrhundert setzte vom Königreich Guge (Westtibet) aus die Wiederbelebung des Buddhismus ein, die sogenannte *Zweite Verbreitung der Lehre*. Während dieser Zeit entstanden die großen neuen Schulen oder Orden (Kadampa, Sakyapa, Kagyüpa, Gelukpa), die das Leben Tibets über Jahrhunderte hinweg bestimmt haben. In ihren Klosterschulen wurden die großen philosophisch-psychologischen Systeme

der Geistesschulung geschaffen, die für den tibetischen Buddhismus so charakteristisch sind.
Der bedeutende Mönch *Rinchen Sangpo* (958-1055) wurde in den 70er Jahren des 10. Jahrhunderts vom westtibetischen König Tsenpo Khore, dem Erbauer des Klosters Tholing, der abdankte und unter dem Namen *Yeshe 'Od* Mönch wurde, nach Kashmir entsandt, um sich in die Lehre und Schriften des Buddhismus zu vertiefen sowie buddhistische Gelehrte und Künstler nach Tibet einzuladen. Rinchen Sangpo gilt als einer der bedeutendsten Übersetzer buddhistischer Schriften und gründete zahlreiche Klöster in ganz Tibet. Im Jahre 1042 traf der berühmte Gelehrte *Atîsha* (982-1054) in Tibet ein, um bei der Neuverbreitung und Reform des Buddhismus mitzuwirken. Unter seiner Anleitung wurden mehr als einhundert buddhistische Schriften aus dem Sanskrit ins Tibetische übersetzt und bereits vorhandene Übersetzungen revidiert. *Atîsha* reinigte den vorgefundenen Buddhismus von unakzeptablen Praktiken und hob die Bedeutung von religiöser, d.h. hier vor allem monastischer Disziplin und philosophischen Studien hervor. Er traf mit Rinchen Sangpo zusammen und verstarb 1054 in Tibet. Tibetischen Quellen zufolge geht auch die Einführung des Kâlacakra-Tantra, des letzten großen tantrischen Systems, auf Atîsha zurück, das er von Nâropa, dem bedeutenden Abt der indischen buddhistischen Universität Nâlanda, empfangen haben soll. Durch sein Wirken wurde 1057 das Kloster Reting gegründet, das zum Zentrum der auf Atîshas Reformen zurückgehenden *Kadampas* wurde.

Die Entstehung der Schulrichtungen

Das 11. und 12. Jahrhundert kann als Gründungszeit der großen Schulen bezeichnet werden, die eigentlich Überlieferungsketten von Meister-Schüler-Linien sind. Im tibetischen Buddhismus spielt die Sukzession von einem herausragenden *spriritueIlen Meister* (skt. Guru, tib. Lama) zum anderen eine entscheidende Rolle. Denn der Lama vermittelt nicht nur Wissen, sondern spirituelle Kraft. Nach tibetisch-buddhistischer Tradition kann er durch seine direkte Gegenwart und die von ihm gespendete Initiation das Bewußtsein des Schülers unmittelbar transformieren und so den Prozeß des spirituellen Wachstums beschleunigen. Der Lama ist meistens ein Mönch, muß es aber nicht sein. Für seinen Status ist allein die spirituelle Kompetenz und Kraft ausschlaggebend, wenngleich besonders in der Geluk-Schule diese Kompetenz durch ein intensives Schrift- und Sprachstudium sowie entsprechende Examina (*geshe*) geschult und überprüft wird. Dem Lama kommt absolute Autorität zu. Die Überlieferung der Tradition vollzieht sich infolgedessen vornehmlich durch Initiations-Ketten vom Lama zu seinem Schüler, zu dessen Schüler usw. Dabei gelten alle herausragenden Lama-Traditionen (besonders die Äbte bedeutender Klöster) als reinkarnierte Lamas (*tulku*) des Vorgängers.

Wie schon erwähnt, hatte sich in der Übergangszeit zur Zweiten Verbreitung eine »vulgäre« Interpretation buddhistischer Schriften mit entsprechenden Praktiken ausgebreitet. Um dem zu begegnen, betonten die Meister der Zweiten Verbreitung die direkte Belehrung durch einen ausgewiesenen und selbst in untadeliger Sukzession stehenden Meister als grundlegende Voraussetzung für Autorität und Gültigkeit der Lehre. Aus diesen Überlieferungsketten entwikkelten sich eigene Schulrichtungen, von denen vier zu nachhaltiger Bedeutung gelangten.

Die noch aus der Zeit der Ersten Verbreitung und auf Padmasambhava zurückgehenden Klöster und Traditionslinien nannten sich nun *Nyingma*-Schule, die »Alten«. Diese Schule hielt an den tantrischen Praktiken der Visualisierung und Beschwörung von unheilsamen geistigen Energien fest und entwickelte dabei auch magische Praktiken. Hingegen legten die Kadampas, die auf die Reformen Rinchen Sangpos und Atîshas zurückgingen und später in der von Tsongkapa begründeten *Geluk*-Schule aufgingen, auf peinlich genaues Studium der Schriften sowie auf die Einhaltung der moralischen Regeln aus den Mönchsgelübden größtes Gewicht. Die *Sakya*-Schule ist verbunden mit dem tibetischen Gelehrten *Drogmi* (992-1072). Der Orden der *Kagyüpas* geht auf die großen Mystiker

des tibetischen Buddhismus zurück, auf *Marpa* (1012-1096) und *Milarepa* (1040-1136). Marpas Guru war der indische Meister *Nâropa (1016-1100),* der wiederum ein Schüler des *Tilopa* (988-1069) war.
Wir wollen diese Entwicklung noch etwas genauer nachzeichnen: Im Jahre 1073 kam es im Geiste der Reformen Atîshas zur Gründung des Sakya-Klosters bei Lhasa durch *Khon Konchok Gyalpo* (1034-1102), der Schüler des berühmten Gelehrten Drogmi aus der Tadition der Kadampas war. Diese Gründung veranlaßte die Bildung der *Sakya-Schule.* Sie unterschied sich in Lehre und Praxis nicht wesentlich von den Kadampas, bildete aber ihre eigenen Traditionslinien und gelangte vor allem zu großer Machtentfaltung, als die Sakya-Lamas von den mongolischen Groß-Khanen de facto als Herrscher über Tibet eingesetzt wurden, denen mongolische Beamte zur Seite standen. Die eigentümliche Beziehung Tibets zu den Mongolen muß besonders hervorgehoben werden, denn sie hat die Geschichte wesentlich geprägt: Als sich Dschingis Khan anschickte, Tibet zu erobern, wurde 1207 eine tibetische Delegation an den Hof des Khans geschickt, um über freundschaftliche Beziehungen zu verhandeln und eine Eroberung Tibets abzuwenden. Tibet hatte Tribut zu zahlen. Als Dschingis Khan 1227 starb, stellte Tibet die Zahlungen ein, und Dschingis Khans Enkel Godan rückte einige Jahre später bis Lhasa vor. Er schrieb 1244 an das Oberhaupt der Sakya-Schule, den *Sakya Pandita Kunga Gyaltsen* (1182-1251), einen Brief mit der Bitte, die tibetischen Buddhisten möchten einen Lama schicken, um ihn sowie das mongolische Volk religiös und moralisch zu erziehen. Um – im Geiste des Buddha – Gewaltanwendung zu vermeiden, bat der Khan, daß Kunga Gyaltsen freiwillig kommen und selbst diese Aufgabe übernehmen möge. Der Sakya Pandita folgte diesem Ultimatum und reiste noch im Jahre 1244 an den Hof Godan Khans. Dies ist der Beginn der eigentümlichen Beziehung von einem tibetischen Lama als spirituellem Lehrmeister (bzw. seit 1270 einem »kaiserlichen Lehrmeister«, tib. *ti shih*) und dem mongolischen Khan als militärischem Schutzpatron, die auch die nächsten Khane, vor allem Khubilai Khan, pflegten. Da die

Mongolen aber bis 1331 ausschließlich die Lamas der Sakya-Schule protegierten und diese Sonderstellung die wirtschaftliche und politische Macht in Tibet einseitig zu Gunsten der Sakyapas verschoben hatte, kam es im 14. Jahrhundert zu Machtkämpfen innerhalb Tibets.
Im 11./12. Jahrhundert erblühte die »mystische« Meditations-Tradition, die *Kagyü-Schule* (»Rotmützen«). Sie geht, wie wir sahen, auf *Marpa*, den Übersetzer, und dessen Schüler *Milarepa* zurück. Milarepa ist als bedeutendster Mystiker und Dichter in die Annalen Tibets eingegangen. Die Geschichten aus seiner Biographie, die davon erzählen, wie der Schüler des strengen Marpa durch Qualen aller Art, Zweifel und Verfehlungen, Resignation und neue Hoffnung, allmählich zu einem Heiligen heranwächst, haben Generationen von Tibetern zu glühender Frömmigkeit inspiriert. Seine »hunderttausend Gesänge«[2] künden von dem Ideal eines gereinigten Herzens, und sie werden von Tibetern aller Schulrichtungen und Traditionslinien auswendig gelernt und bis heute gesungen. Aus dieser Schule gingen als Untergruppe mit der Gründung des bedeutenden Klosters Tsurpu 1185 die *Karmapas* hervor.
Die Kadampa-Tradition wurde durch die Reformen des Meisters *Tsongkapa* (1357-1419) weiterentwickelt und ging schließlich in der von ihm begründeten *Geluk*-Schule (»Gelbmützen«) auf. Tsongkapa gründete im Jahre 1409 das Großkloster Gaden, 1416 folgten Drepung und 1419 Sera, alle in unmittelbarer Nähe der Hauptstadt Lhasa. Diese Klöster, die bis zur Annexion Tibets durch die Chinesen 1950 insgesamt fast 15000 Mönche beherbergten, entwickelten sich zu Zentren der buddhistischen Gelehrsamkeit, aber auch der politischen Macht. Dies umso mehr, als die Dalai Lamas aus dieser Schule stammen: Als der Schüler Tsongkapas, *Gedun Drup* (1391-1475), Oberhaupt der Gelukpas wurde, setzte sich nach seinem Tode das Inkarnationsprinzip der Nachfolge durch (das in der Sakya-Schule bereits zuvor die Abts-Nachfolge geregelt hatte). Sein Vorgänger, er selbst und alle seine Nachfolger galten fortan als reinkarnierte Lamas einer Linie, die seit dem V. Dalai Lama als Inkarnationen des *Bodhisattvas Avalokiteshvara* verehrt werden. Das dritte Oberhaupt der Gelukpas, *Sonam Gyatso* (1543-1588),

begab sich 1578 an den Hof des mongolischen Herrschers Altan Khan und bekam von diesem den mongolisch-tibetischen Titel *Dalai Lama* (»ozeangleicher spiritueller Meister«) verliehen, den seine beiden Vorgänger posthum ebenfalls erhielten. Der V. Dalai Lama, Losang Gyatso (1617-1682), der »Große Fünfte«, wurde vom mongolischen Herrscher Gushi Khan als höchste geistliche und weltliche Autorität des Landes eingesetzt, regierte vierzig Jahre und etablierte endgültig die weltliche Macht der Dalai Lamas in Tibet. Er verlieh seinem Lehrer, dem Abt des Klosters Tashilhünpo, den Titel »Panchen Lama« (»großer Gelehrter«). Außerdem ließ er den Potala in Lhasa erbauen, schrieb bedeutende Kommentarwerke und förderte ein medizinisches Versorgungssystem in Tibet.

Die Vormachtstellung der Gelukpas führte besonders im 17. und 18. Jahrhundert zu Spannungen mit den Großklöstern anderer Schulen (vor allem der Kagyü-Schule) – militärische Expeditionen enteigneten die Klöster der jeweiligen Gegner, eroberte Gebiete wurden als Pfründen von der einen auf die andere Schule übertragen usw. Obwohl es in Tibet *im Namen des Buddhismus* nie zu Gewalt kam, haben doch Machtkämpfe zwischen den einflußreichen Großklöstern nicht selten gewaltsame Form angenommen.

Um einem häufigen Mißverständnis zu begegnen, müssen wir klarstellen: Die Dalai Lamas sind Inkarnationen Avalokiteshvaras, der auch als Schutzpatron Tibets gilt. Für buddhistisches Verständnis ist dieser Bodhisattva *nicht* ein »Gott«, sondern die Verleiblichung der *barmherzigen Bewußtseinskraft* des einen universalen Buddha-Bewußtseins.

Tibet war in seiner Geschichte nur selten von der Außenwelt abgeschlossen, wie die engen Beziehungen zu Indien und China belegen. Aber auch zu Europa gab es Kontakte. Bereits im 13. Jahrhundert hatte der flämische Franziskaner Wilhelm von Rubruck (ca.1215-ca.1270) über das Karakorum-Gebirge die zentralasiatische Stadt Urumtschi erreicht und über den mongolisch-tibetischen Buddhismus berichtet; 1624 reiste als erster Europäer der portugiesische Jesuit Antonio de Andrade (1580-1634) nach Tibet und gründete 1625 eine Missionsstation in Tsaparang. Erst im 18. Jahrhundert kam es aber zu intensiveren Kontakten mit dem Christentum. Italienische Missionare (die Kapuziner 1707-1711, 1716-1733, 1741-1745 und die Jesuiten 1716-1721) errichteten Missionsstationen in Lhasa. Sie bauten eine Kirche, studierten Tibetisch und schrieben Pamphlete in Tibetisch mit christlich-apologetischem Inhalt. Die Wirkung war gering. Das Unternehmen mußte bald wieder aufgegeben werden. Im Jahre 1716 traf der Jesuit Ippolito Desideri in Lhasa ein und verfaßte eine Schrift gegen das berühmte Kompendium des tibetischen Geistestrainings *Lam rim chen mo* von Tsongkapa. Abgesehen von den Nachrichten, die diese Missionare über Tibet nach Europa übermittelten, hat ihre Missionstätigkeit kaum Spuren hinterlassen.

Neuere Geschichte

Innere Machtkämpfe zwischen Adelsfamilien und den Klöstern, die der Adel patronisierte, schwächten Tibet außenpolitisch. 1720 wurde Lhasa von den Chinesen besetzt. Seitdem regierten die Dalai Lamas mehr oder weniger unter chinesischem Protektorat, was zur nun beginnenden außenpolitischen Isolierung Tibets beitrug, während sich das Land aber innenpolitisch eine relative Autonomie bewahren konnte. Nach einem Aufstandsversuch des Dalai Lama gegen die zeitweilige chinesische Besatzung im Jahre 1751 erkannte der chinesische Kaiser Ch'ien-lung den Dalai Lama als Oberhaupt Tibets an, verlegte aber die faktische Ausübung der politischen Macht auf ein Beratungsgremium (*kashag*), das mehr oder minder effektiv von zwei chinesischen Gesandten (*Ambane*) überwacht wurde.

Im 19. Jahrhundert geriet Tibet, gelegen am Rand der britischen Einflußsphäre im Süden und der russischen Interessen in Zentralasien, ins Fadenkreuz europäischer Expansionspolitik. 1876 kam es zwischen England und Rußland wegen der Sicherung direkter Kontakte mit Tibet zum diplomatischen Konflikt, der mit der Beseitigung von Sonderrechten der einen oder der anderen Macht endete.

Tibetischer Buddhismus

Eingeführt durch: Songtsen Gampo (7. Jh.n.Chr.)
Padmasambhava / Shântirakshita

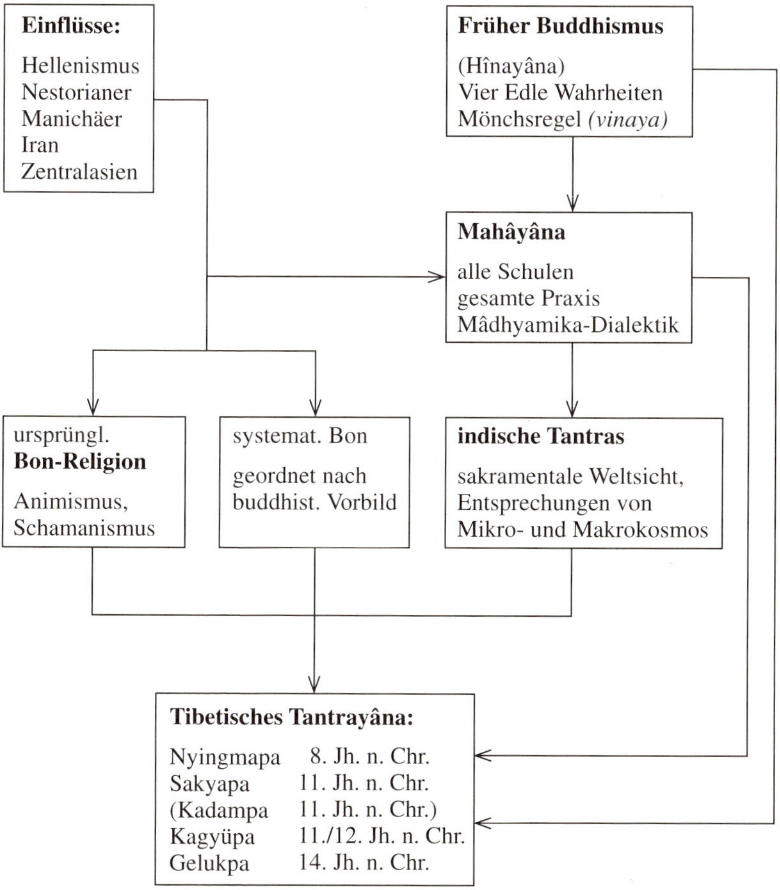

Tibet versuchte, nicht zwischen die Fronten zu geraten und wies 1904 den Versuch von Lord Curzon ab, eine britische Handelsmission in Lhasa einzurichten. Als daraufhin das britische Militär unter General Younghusband gewaltsam nach Lhasa vordrang, floh der XIII. Dalai Lama (1876-1933) in die Mongolei und kehrte erst 1909 nach Lhasa zurück. Der britische Einfluß schwand (Abkommen von Petersburg 1907), wodurch sich China im Jahre 1910 ermutigt fühlte, in Tibet zu intervenieren. Der XIII. Dalai Lama floh erneut, diesmal in die Hände der Engländer nach Indien. Als 1911/12 in China die bürgerliche Revolution unter *Sun Yat-Sen* zum Erfolg kam, floh der letzte Manchu-Kaiser und China wurde Republik. Tibet und die Mongolei erlangten ihre Selbständigkeit zurück. Ab 1912 regierte der Dalai Lama in voller Souveränität ohne jede chinesische Einmischung. Die Simla-Konferenz von 1913/14 mit britischen, tibetischen und chinesischen Zeichnungsbevollmächtigten schrieb Tibet den Status eines unabhängigen Staates zu, das Abkommen wurde aber von der chinesischen Delegation nicht unterschrieben. Am 6. Juli 1935 wurde der XIV. Dalai Lama, *Tenzin Gyatso*, geboren.

Ende 1949, unmittelbar nach der kommunistischen Machtübernahme in China, näherten sich bereits chinesische Truppen dem östlichen Teil Tibets. Neujahr 1950 kündigte Radio Peking die »friedliche Befreiung« Tibets an. Am 7. Oktober desselben Jahres brach die Invasion los. Dem erst fünfzehnjährigen Dalai Lama wurde unter dem Druck der Ereignisse am 17. November 1950 die volle Staatsgewalt übertragen. Im September 1951 marschierte die »Volksbefreiungsarmee« in Lhasa ein. Als der Dalai Lama 1954 nach Peking reiste, um mit Mao Tse-tung ein Abkommen für Tibet auszuhandeln, gab es zunächst Hoffnung für die kulturelle und religiöse Autonomie Tibets. Doch China entwickelte in Tibet eine beispiellose Unterdrückungspolitik. Die Repressionen (Enteignungen, Zwangslaiisierung von Nonnen und Mönchen, Folter, Morde) nahmen so große Ausmaße an, daß es am 10. März 1959 zum Aufstand in Lhasa und ganz Tibet kam. Der Dalai Lama und mit ihm ca. 80000 Tibeter flohen ins indische Exil. In Tibet wurden die

meisten noch bestehenden Klöster zerstört. Unzählige Mönche, Nonnen und Laien verloren in chinesischen Arbeitscamps ihr Leben. Während der »Kulturrevolution« in China (1966-1976) wurden erneut Zehntausende Tibeter ermordet. Seither ist die tibetisch-buddhistische Kultur in Tibet fast vollständig zerstört und die religiösen Institutionen sind nahezu ausgelöscht worden. Hoffnungen auf eine Liberalisierung der chinesischen Tibet-Politik in den 80er Jahren haben sich nicht erfüllt. Peking weist alle Gesprächs- und Kompromißangebote des Dalai Lama und der tibetischen Exilregierung beharrlich zurück. Stattdessen werden immer mehr Chinesen in Tibet angesiedelt, während tibetische Frauen zu Tausenden zwangssterilisiert werden. Das tibetische Volk ist vom kulturellen und physischen Genozid bedroht.
Der Dalai Lama, der für den gewaltfreien Befreiungskampf des tibetischen Volkes und für sein weltweites Engagement um interreligiöse Verständigung 1989 den Friedensnobelpreis erhielt, lebt mit etwa hunderttausend Tibetern im indischen Exil, während in Europa, Nordamerika und Australien neu gegründete tibetische Zentren und Klöster eine ständig wachsende Anziehungskraft ausüben. Vor allem den zahlreichen Vortragsreisen (so auch zum Deutschen Evangelischen Kirchentag in München 1993, siehe Abb. S. 29 – mit dem Autor) und der einzigartigen Ausstrahlungskraft der Persönlichkeit des XIV. Dalai Lama ist es zu danken, daß das »geheimnisvolle Tibet« weltweit bekannt geworden ist und viele Menschen seine Philosophie und Meditationspraxis studieren können.

2. Geisteswelt des tibetischen Buddhismus

a) Grundlagen

Religionen sind mit bestimmten Orten und Zeiten verbunden: Berge, Seen, Höhlen, Bäume und andere Naturerscheinungen prägen die Landschaft religiöser Geographie, die als spirituelle Deutung der Welt gleichzeitig geistige Innenräume darstellt. Damit werden Orte zum Spiegel innerer Erfahrung. Ein solcher Ort ist die Stadt Varanasi am Ganges. Diese Stadt ist für den Hindu heilig, aber auch für Buddhisten und Muslime von Bedeutung. In Varanasi drängt sich der Vergleich des Buddhismus mit dem Hinduismus auf, der älteren der beiden Religionen, die sich im Verlauf der Jahrhunderte immer wieder gegenseitig inspiriert und korrigiert haben, die sich bald auf Konfrontationskurs befanden, bald friedlich miteinander lebten. In der Nähe dieser Stadt hielt der Buddha einst seine erste Predigt und setzte damit das »Rad der Lehre« in Gang.

Wir kamen von Dharamsala, der Residenz des Dalai Lama, gelegen im kühlen Klima der Vorberge des Himalaya. Nach mehr als fünfzehnstündiger Fahrt durch die heißen und staubigen Ebenen der Bundesstaaten Punjab und Uttar Pradesh schob sich der überfüllte Zug kurz nach Mitternacht in den quirligen Bahnhof der heiligen Stadt am Ganges. Ein ohrenbetäubender Lärm! Menschen aus allen Gegenden Indiens rufen in ihren Muttersprachen. Gepäckträger preisen ihre Dienste an und stürzen sich in Schwärmen auf die Ausgänge der Waggons, während von innen geschoben und gedrängelt wird. Kühe trotten über den Perron. Bettler sitzen in den Ecken. Es duftet nach Kaffee und frisch gebackenen Brotfladen. Dazwischen beißender Gestank und Unrat. Irgendwo quäkt ein Lautsprecher und dudelt nordindische Filmmusik lautstark über das Geschehen. Chaos – blitzt es uns unweigerlich durch den Kopf. Aber das ist die Reaktion des Neuankömmlings. Dieses vermeintliche Chaos hat seine eigene Ordnung, die man erfahren kann, wenn man sich ihren Gesetzen anvertraut. Und anders wird man wohl auch nie ein Taxi finden können. Vor dem Bahnhof lichtet sich das Gewühl von Reisenden und Gepäck ein wenig, um sofort einem neuen Eindruck Raum zu geben: Hunderte von Menschen lagern in einer parkartigen Anlage, die von bunten Glühlampenketten illuminiert wird. Sie singen, begleitet von Zymbeln und Trommeln, ihr fortwährendes »Hare Krishna, Hare Rama«. Manche tanzen. Der Rhythmus trägt die Beine, bis sie im Taumel zusammensinken. Ekstatisch wirkt diese Gottesverehrung, fast ungezähmt.

Endlich bahnt sich das Taxi mühsam seinen Weg durch enge Gassen, in denen es trotz der späten Stunde von Bettlern, Pilgern und Nachtschwärmern wimmelt. Händler bieten im Schein der flakkernden Öllampen an den Straßenrändern noch geröstete Erdnüsse, Tee und Bananen feil. Allmählich wird es stiller. Die Vorstädte schlafen. Dann fliegt die offene Landschaft vorbei, über der sich ein funkelnder Sternenhimmel wölbt. Wir sind in Sarnath, dem buddhistischen Gegenstück zum hinduistischen Varanasi, einem der wichtigsten Pilgerzentren der buddhistischen Welt. Der berühmte Park ist nachts verschlossen, aber man kann an den Außenmauern entlanggehen und die nächtliche Stille genießen. Die Ruinen alter Viharas (buddhistischer Klöster) verlieren sich im Dunkel. Es ist, als ob der große Stupa in der Mitte den Frieden des Ortes bewacht, eine Ruine, die von der Vergänglichkeit aller Dinge erzählt. »Buddha-Tempel«, raunt uns ein verspäteter Straßenhändler zu, indem er die rechte Hand zum Bakschisch aufhält und mit der linken durchaus in die richtige Richtung weist. Aber auch er flüstert nur.

Stille und Ruhe – das ist das Besondere dieses Ortes, nicht nur in der Nacht. Hier ist das Lebensgefühl anders als im brodelnden Varanasi. Hier singt man nicht laut, und selbst die Ventilatoren im Gästehaus scheinen sich ehrfuchtsvoll zurückhalten zu wollen.

Anfang der 80er Jahre lebten in Sarnath ungefähr dreihundert tibetische Studenten, die an der von Samdhong Rinpoche geleiteten Hochschule studierten. Inzwischen ist daraus eine moderne buddhistische Universität geworden, die Studenten aus vielen Ländern anzieht. Es gibt auch einen indischen und einen chinesischen Tempel der Mahabodhi-Gesellschaft, aber dort leben keine Mönche.

Wir haben uns für zehn Uhr morgens mit dem Rinpoche (ein Ehrentitel, der soviel wie »kostbar« heißt) verabredet, und zwar an der Stelle, wo der Buddha einst seine berühmte Predigt von Benares gehalten hat. Zeitig haben wir uns eingefunden, um noch gemeinsam zu überdenken, warum wir gerade hier an diesem Ort sind. Wir – das ist eine Gruppe von Christen, lutherischen Pastoren aus Südindien, die erfahren wollen, was Dialog zwischen den Religionen ist. Einige hatten gezögert – ist eine solche Begegnung nicht überflüssig, vielleicht sogar ein gefährlicher Verrat am eigenen Glauben? Andere hingegen wollten am liebsten eine Einheitsreligion schaffen, damit der unselige Streit zwischen den Religionen endlich aufhöre und die religiösen Traditionen ihre Kräfte gemeinsam mobilisieren könnten, um Armut, Unterdrückung und Gewalt zu beenden.

Unsere Diskussion verstummt, als Samdhong Rinpoche über den grünen Rasen zu uns kommt. Er setzt sich in unseren Kreis und schwingt in unnachahmlicher Gebärde den Zipfel des weinroten Mönchsgewandes über die linke Schulter. Alle schweigen erwartungsvoll. Jedem einzelnen von uns schaut der Rinpoche für einige Zeit in die Augen. Dabei strahlt etwas von ihm aus, das direkt ins Herz zielt, wie später einer der Pastoren mit zögernder Bewunderung gesteht, denn er hatte vorher gemeint, ein Christ könne von Buddhisten nichts lernen, ein Dialog sei also eigentlich überflüssig.

Samdhong Rinpoche spricht verhalten. »Lassen Sie uns mit Entschlußkraft eine Motivation entwickeln, mit der wir geloben, unsere wissenschaftlichen und meditativen Erkenntnisse und Errungenschaften für das Wohl aller lebenden Wesen hinzugeben. Nichts für uns selbst, alles für die anderen lebenden Wesen, das ist die Quintessenz unserer Religion.«

»Lassen Sie uns gemeinsam beten«, fährt der Rinpoche fort. »Das

Gebet ist der Kanal für den Kontakt mit den höheren Wesen, ohne deren Segen wir diese Motivation nicht entwickeln und ohne deren Hilfe wir nicht selbstlos bleiben können.« Auf Anregung Samdhong Rinpoches beten wir gemeinsam das »Vater unser«. Er kennt den Text, und später sollten wir seine buddhistischen Auslegungen der einzelnen Bitten mit großem Gewinn für die eigene Gebetspraxis hören. Dann beten wir ein Gebet aus dem Mahâyâna-Buddhismus. Es stammt von Shântideva, dem großen buddhistischen Mönch aus dem 7. Jahrhundert n.Chr., dessen Verse bis heute Quelle der Inspiration nicht nur für Buddhisten sind[3]:
Mögen alle Lebewesen durch das Gute, das mir zuteil wird, wenn ich über das Leben zur Erleuchtung sinne, mit einem Leben zur Erleuchtung geschmückt sein!
Mögen alle, die gequält sind durch Pein an Körper und Geist in jeglicher Gegend der Welt, durch meine Verdienste[4] Meere des Glücks und der Seligkeit erlangen.
Möge kein Wesen unglücklich sein, sündig und krank, verlassen und unterdrückt, und möge keines bösen Sinnes sein.
Solange der Äther besteht und solange die Erde besteht, solange möge ich bestehen, als Vernichter der Leiden der Welt!

Dann schwieg der Rinpoche, als wollte er uns alle zweieinhalb Jahrtausende zurückversetzen in die Stunde, da der Buddha an dieser Stelle erstmals lehrte…

Die vier Edlen Wahrheiten

Die Summe der buddhistischen Welterfahrung kommt in den vier Edlen Wahrheiten zum Ausdruck: 1. die Erkenntnis, daß alles Anhaften an vergänglichen Dingen zur *Frustration* führt, 2. die Aufdeckung der *Ursache* dieses Sachverhaltes, 3. die Einsicht in die Möglichkeit, diesen leidvollen Zustand zu *beenden*, 4. die Darlegung des *Weges* zur Befreiung.
Wenn der Buddha den Kreislauf von Geborenwerden-Altern-Sterben-Geborenwerden usw. (*samsâra*) als leidvoll (*duhkha*) bezeich-

net, so will er damit nicht einfach eine allgemein menschliche Erfahrung bestätigen, sondern die *Hintergründe* für die Frustration und das Empfinden des Ungenügens am Leben offenlegen: Alles befindet sich im Wandel, die Welt vergeht und entsteht ständig neu in der ewigen Metamorphose der gestalterischen Kräfte der Wirklichkeit. Auch das menschliche Ich ist nichts Beständiges, was jeder Mensch an der sprunghaften Bewegung der Gedankenströme und dem Wechsel der Gefühle unmittelbar erfährt. Der erwachsene Mensch ist nicht mehr das Kind, das einst aufwuchs, und der Wandlungsprozeß vollzieht sich bis zum Tod, ja über ihn hinaus, wenn die subtilen charakterlichen Formungen oder feinstofflichen Prägungen der vorigen Existenz zum Kristallisationspunkt für neues Leben werden. Weder physisch, noch psychisch oder geistig besteht der Mensch in diesem Prozeß aus denselben »Substanzen«. Eine gewisse Kontinuität der Person ist zwar durch das Gedächtnis verbürgt, aber auch dieses ist selektiv und zerbricht schließlich. Der Wandel ist das Gesetz des Daseins, aber er ist als solcher nicht das, was der Buddha mit *duhkha* oder Leid meint. Leid oder Frustration entstehen erst dann, wenn der Mensch die Dinge und Ereignisse festhalten möchte, weil sie seinem Ich ein Selbstwertgefühl zu geben scheinen – »verweile doch, du bist so schön«, läßt Goethe seinen Faust wünschen. Der Mensch möchte das Bedingte besitzen und darüber verfügen können, damit es dem Ich unbedingten Halt gibt. Dieses eingebildete Ich aber, so der Buddha, ist eine Illusion (*moha* bzw. *avidyâ*). Das Festhalten oder Klammern muß mißlingen, weil der Wunsch nach Dauer dem Grundgesetz des Lebens widerstrebt. Das Mißlingen, dem Ich oder dem Augenblick Dauer zu verleihen, ist *duhkha*, Leiden, die Frustration daran, daß die eigenen Wünsche und Projektionen nicht Wirklichkeit sind.

Die buddhistischen Texte unterscheiden drei Arten des Leidens. Die erste betrifft das Mißvergnügen an allen unerfreulichen Dingen, Ereignissen und Bewußtseinszuständen, die dem Menschen widerfahren (skt. *duhkhaduhkha*). Die zweite ist das Leid an der Vergänglichkeit aller Dinge, auch und gerade der eigentlich erfreulichen, die sich damit in eine Quelle des Leidens verkehren (skt. *vipa-*

rinâmaduhkha). Die dritte Art des Leidens ist die allgemeinste: Alle Dinge sind voneinander abhängig und im Kreislauf der Geburten an eine endlose Kette von Bedingungen gebunden, somit unfrei (skt. *samskâraduhkha*).

Zwei Ursachen werden für das Leiden genannt: Karma (skt. *karman*, tib. *las*) und die sogenannten leidverursachenden Emotionen. Karma ist nicht etwa ein über den Menschen verhängtes Schicksal, in das er sich zu ergeben hätte, sondern der ursächliche Zusammenhang allen Geschehens. Jeder Gedanke, jede Tat hat unmittelbare Wirkungen, die den Denkenden und den Täter selbst formen. Denke ich zum Beispiel einen guten Gedanken, prägt er sich in meine Persönlichkeitsmatrix ein, formt also meine Charakterstruktur und wird damit zur Ursache für erneutes Handeln. So häufen wir unablässig karmische Wirkungen an, die zu Ursachen werden und uns prägen, indem sie gleichsam Gewohnheiten formen, die dann letztlich das ausmachen, was wir »sind«. Denkt und verhält man sich besonders ichhaft, werden entsprechende Anlagen im Denk- und Gefühlsbereich geschaffen, und entsprechend stärker wird das Leiden an der Veränderlichkeit der Wirklichkeit sein. Erkennen wir aber die Veränderlichkeit alles Wirklichen, den Fluß der Zustände und Gefühle, hinter dem kein permanentes Ich steht, entsteht auch keine Versuchung, sich an die Dinge zu klammern, wodurch dem Leiden der Boden entzogen ist. Karma gestaltet aber nicht nur das individuelle Bewußtsein des Menschen, sondern auch die Welt um uns herum, weil alle Erscheinungen der Wirklichkeit miteinander zusammenhängen. Was mir widerfährt, ist auch mein Karma. Mein Karma ist verwoben in alle anderen Karmas, und darum ist es schon eine Abstraktion, von »meinem« Karma zu sprechen. In diesem Netzwerk befindet sich der Mensch seit vielen Geburten. Sich daraus zu befreien, ist der Weg des Buddha und seiner Schüler. Das Karma wird bestimmt vom Verhalten des Menschen, das wiederum von der durch Erkenntnis gesteuerten Motivation abhängt. Auf die Motivation also kommt es an, denn es ist dieser geistige Impuls, der wie ein »Programm« die Persönlichkeit hervorbringt. Worte und Taten entstehen zuerst im Bewußtsein, und deshalb ist das Bewußtsein der

Ort, an dem das Leiden überwunden werden kann. Das Bewußtsein so zu lenken und zu formen, daß es nicht Anlaß zur Entstehung der leidverursachenden Emotionen wird, ist der Inhalt aller buddhistischen Lehren, Meditationswege, Riten und Lebensanweisungen. Die grundlegenden leidverursachenden Emotionen sind Unwissenheit (skt. *avidyâ* bzw. *moha*, tib. *ma rig pa*), Begierde (skt. *râga* bzw. *lobha*, tib. *'dod chags*) und Haß bzw. Ärger (skt. *pratigha* bzw. *dvesha*, tib. *khong khro*). Die Unwissenheit besteht in der falschen Annahme, daß die Dinge in und aus sich selbst existieren, daß vor allem das Ich eine Art »Substanz« sei, die in sich ruht und unabhängig von anderen Erscheinungen als existierend betrachtet werden kann. Diese Annahme ist der Grundfehler, aus dem alles Übel resultiert. Denn auf diese Weise wird Ding von Ding, Mensch von Mensch, Erfahrung von Erfahrung getrennt. Das führt zu einer gewissermaßen sekundären und künstlichen Beziehungsstruktur, die der Mensch nun, unter dem Antrieb, Sicherheit gewinnen zu wollen, auf die Wirklichkeit projiziert. Es entsteht eine ichbezogene Welt, die sich in der unheilvollen Polarität von Begierde (Attraktion) und Haß (Aversion) darstellt. Die wirkliche und grundsätzliche Einheit der Wirklichkeit wird dadurch völlig verdeckt und zerfällt in Urteile des ichhaften Bewußtseins, das als »gut« empfindet, was ihm Dauer, Gewicht und Bedeutung verleiht, und als »schlecht« betrachtet, was sich seiner Macht entzieht. So häuft es Karma an, das wiederum die Spirale der Verstrickung in Ichhaftigkeit, Sich-Anklammern und Haß weiterdreht, aus der es kein Entrinnen gibt, solange die Voraussetzungen bestehen bleiben.

Damit kommen wir zur dritten der vier Edlen Wahrheiten: der Einsicht, daß dieser Kreislauf von Unwissenheit, Verstrickung und Leiden beendet werden kann. Weil die leidverursachenden Emotionen wie Begierde und Haß kommen und gehen, sind sie offenbar nicht untrennbar mit dem Bewußtsein verbunden. Sie entstehen auf Grund bestimmter Bedingungen. Gehören sie aber nicht unmittelbar zum Wesen des Bewußtseins, können sie abgelöst werden. Wenn sie abgelöst werden können, kann die Erzeugung neuen schlechten Karmas unterbunden und der Kreislauf durchbrochen werden. Alles kommt darauf an, die Mittel und Wege anzuwenden, durch die das Bewußtsein von den leidverursachenden Emotionen gereinigt werden kann, damit sein wahres Wesen sichtbar und erfahrbar wird, gerade so als riebe man eine verschmutzte Silberplatte blank, damit sie den ihr eigenen Glanz entfalten kann. Das ist die vierte Edle Wahrheit, die zur Läuterung des Bewußtseins und damit zur Beendigung des Kreislaufs des Leidens (skt. *samsâra*) den edlen Achtfachen Pfad (skt. *ârya ashtângika mârga*) empfiehlt, der in allen buddhistischen Schulen und Traditionen als Königlicher Weg zur Befreiung gilt und mit entsprechender Intensität begangen wird[5]:

1. *ganzheitliche Anschauung* (skt. *samyag-drishti*), bei der in vollkommen nicht-dualistischer Weise die Einheit von Motivation, Handlungen und Wirkungen als wahre Natur des Geistes angeschaut wird,
2. *ungeteilter Entschluß* (skt. *samyak-samkalpa*), diese Einsicht zu vertiefen und im ganzen Leben anzuwenden,
3. *untadelige Rede* (skt. *samyag-vâk*), die keine ichbezogenen Werturteile auf die Wirklichkeit überträgt und weder falsche Verherrlichung noch Verleumdung zuläßt, sondern nüchtern den Dingen und Menschen begegnet,
4. *vollkommenes Handeln* (skt. *samyak-karmânta*), in dem der ungeteilte Entschluß und die untadelige Rede leiblich konkret werden,
5. *gleichgewichtige Anstrengung* (skt. *samyag-vyâyâma*), die sich in nicht nachlassender Geduld übt und im Gleichmaß von Anspannung und Entspannung das Bewußtsein bald straffer, bald gelöster führt, um in der Meditation sowie bei allen täglichen Verrichtungen heitere Gelassenheit zu erreichen,
6. *ganzheitliche Lebensführung* (skt. *samyag-âjîva*), in der keine äußerlichen Unterschiede zwischen guten und schlechten, heiligen und unheiligen, religiösen und profanen Lebensbereichen gemacht werden, denn alles Handeln wird bestimmt von der geistigen Einstellung des Handelnden, die sich in ganz alltäglichen Verrichtungen zeigen und bewähren muß,

7. *unablässige Achtsamkeit* (skt. *samyak-smriti*), durch die alle physischen, psychischen und geistigen Vorgänge bewußt und kontrollierbar werden, sowie
8. *ganzheitliche Einswerdung* (skt. *samyak-samâdhi*) aller Bewußtseinsprozesse im Geistgrund, aus der die unbeschreibliche Seligkeit der Einheit mit dem Ganzen erwächst, in der sich das Ich völlig losgelassen hat und sich als sinn-erfülltes Moment am Ganzen der Wirklichkeit erfährt.

Der achtgliedrige Pfad ist im Mahâyâna die Voraussetzung, aber nicht die Vollendung der Praxis. In den zehn Stadien der Bodhisattvaschaft (skt. *bhûmi*) werden zum Beispiel die zehn Tugenden geübt, die den sechs Vollkommenheiten des frühen Mahâyâna (Geben, tugendhaftes Verhalten, Geduld, Tatkraft, Meditation, Weisheit) ähnlich sind, aber darüber hinausgehen (vgl. S. 72).

Um es nicht bei hohen Idealen zu belassen, sondern die Schritte zur Wesensverwirklichung des Menschseins und damit zur völligen Beendigung des Leidens wirklich zu praktizieren, um also zur Buddhaschaft zu gelangen, bedarf es des Geistestrainings, das meist als Meditation bezeichnet wird. Meditation hat zwei Aspekte: das Erlernen der Bewußtseinsstille oder des stetigen Ruhens des Geistes in einem Punkt, ohne durch äußere oder innere Eindrücke abgelenkt und gestört zu werden (skt. *shamatha*), und die besonders tiefe Einsicht in das Wesen der Wirklichkeit (skt. *vipashyanâ*), die letztlich die direkte Erfahrung der Leerheit aller Erscheinungen zum Ziel hat.

Diese Lehre von der Leere (skt. *shûnyata*) ist interpretationsbedürftig. Sie ist das Kernstück der Philosophie des Mahâyâna-Buddhismus. Während wir den Prozeß der Meditation später beschreiben werden, sollen zunächst einige grundsätzliche Erwägungen zum Verständnis der Leere angestellt werden.

Skandhas

Der Buddhismus faßt die Wirklichkeit als Ganzheit auf, so daß materielle und geistige Vorgänge als Aspekte oder Ebenen dieses ganzheitlichen Kontinuums gelten. Sie sind gleichsam zwei Seiten einer Medaille, wobei aber die Ebenen der Wirklichkeit durchaus unterschieden werden: sie sind mehr oder weniger subtil. Subtilität bedeutet, daß ein Vorgang einen anderen durchdringen kann. Das ist besonders bei geistigen Prozessen der Fall, bei materiellen Dingen kaum, denn Materialität bezeichnet Dichte und grobe Körperlichkeit, die durch raum-zeitliche Koordinaten definiert ist, womit ein Objekt *neben* das andere gestellt wird. Geistige Prozesse aber sind, je subtiler sie werden, nicht an zeitliches Nacheinander oder räumliches Nebeneinander gebunden, sondern inexistieren einander.

In der frühbuddhistischen Philosophie werden fünf Gruppen oder Bereiche bzw. Wirklichkeitsebenen unterschieden, die zusammenwirken, wenn eine menschliche Persönlichkeit gebildet wird. Dies sind die *skandhas* oder fünf Aggregate, die im Theravâda (»Lehre der Ältesten«, beheimatet besonders in Sri Lanka, Thailand und Birma) oft als verdinglichte »Grundbausteine« verstanden werden, die sich puzzleartig immer wieder neu gruppieren und dadurch sinnlich erfahrbare Wirklichkeit hervorbringen, während im Mahâyâna jede Verdinglichung konsequent vermieden wird: es sind Zustände oder Momente des einen Flusses des Weltgeschehens, der sich in diesen »Punkten« gleichsam kristallisiert. Es gibt hier also letztlich keine Substanzen oder kleinste Teilchen (Atome), sondern nur energetische Konzentrationen verschiedener Dichte, die alle wieder zerfallen, sobald sie entstanden sind, wobei unserer groben Beobachtung durchaus eine relative Kontinuität von Formen und »Dingen« erscheinen kann: dieser Tisch vor mir bleibt über eine geraume Zeit bestehen, obwohl er nicht substantiell ist, sondern aus Energiebündeln besteht, die sich selbsttätig strukturieren, aber letztlich auch wieder zerfallen.

Die fünf Aggregate sind:

1. *rûpa-skandha*, die Ebene sinnlich-wahrnehmbarer Formen, die relativ stabil ist und als materielle Wirklichkeit erscheint,
2. *vedanâ-skandha*, die Ebene der Empfindungen und Gefühle, die als Reaktion auf äußere Sinneseindrücke oder innere Gemütsbewegungen entsteht, wesentlich flexibler als die Ebene der Form

ist, aber an die Dualität von Lust und Leid, Gut und Schlecht gebunden bleibt, die der Mensch unablässig auf die Personen und Dinge (einschließlich seiner selbst) wertend projiziert,

3. *samjñâ-skandha*, die Ebene unterscheidender Wahrnehmungen und Vorstellungen, die sowohl das intuitive als auch das analytisch-rationale Urteilsvermögen umfaßt,
4. *samskâra-skandha*, die Ebene des Willens, der zu Bewußtseinsimpulsen drängt, aus denen karmische Bildekräfte entstehen, die das Bewußtsein des Individuums prägen, seine Gewohnheiten herausbilden und somit den »Charakter« ausmachen,
5. *vijñâna-skandha*, die Ebene der reinen Bewußtseinskraft, die alle anderen Ebenen koordiniert und zu einer zielgerichteten Gesamtheit zusammenfaßt. Hierzu gehören die sechs Bewußtseinsarten, die wir später erörtern werden.

Es ist deutlich, daß diese fünf *skandhas* nicht Teile eines Dinges sind, die man voneinander isolieren könnte. Sie entsprechen den fünf Phasen, die jedem Bewußtseinsvorgang zugrunde liegen, nämlich[6]: 1. Kontakt mit dem Sinnesobjekt, 2. Empfindung, 3. bewußte Wahrnehmung, 4. Wille, der die Einordnung der Wahrnehmung ermöglicht, 5. das ins Bewußtsein-Treten des Vorgangs als deutliches Sehen, Hören, usw.

Jedes »Ding« der Erfahrung ist also kein Ding, sondern ein Eindruck, der auf dem Zusammenspiel verschiedener energetischer Impulse beruht. Diese Impulse haben in sich keine Substanz – sie sind *leer* (skt. *shûnya*) –, sondern sie sind, was sie sind, *nur* im Zusammenwirken mit den anderen Impulsen oder Faktoren. Sie sind *abhängig* von den anderen Phasen der Vorgänge, und dies nennt man das Entstehen in gegenseitiger Abhängigkeit.

Pratîtyasamutpâda – Entstehen in gegenseitiger Abhängigkeit

Das Entstehen in gegenseitiger Abhängigkeit ist die Lehre von der organischen Verbundenheit aller Erscheinungen. Es handelt sich um eine dynamische Kausalität, nicht um eine einlinig-statische. Alles ist Wechselwirkung. Alles steht mit allem in Verbindung, und deshalb ist alles Ursache für bestimmte Wirkungen, die wiederum zur Ursache aller Erscheinungen werden. Jedes Glied in der Kette des Entstehens ist »sozusagen die Quersumme aller anderen« und trägt deshalb die »ganze Vergangenheit sowohl wie alle Möglichkeiten der Zukunft in sich«[7]. Was den Menschen betrifft, so wird sein geistig-körperliches Kontinuum von der *Unwissenheit (avidyâ, ma rig pa)* bestimmt, die ein autonomes Ich wahrzunehmen glaubt. Dies führt zu *karmischen Bildungen (samskârakarma, 'du byed kyi las)*, d.h. Motivationen und Handlungen, die einen bestimmten *Bewußtseinszustand (vijñâna, rnam shes)* erzeugen. Aus diesen drei Gliedern ergeben sich die Existenzbedingungen für die Geburt im samsarischen Lebenskreislauf, die sich durch das Zusammenwirken der *skandhas (nâmarûpa, ming gzugs)* ereignet. Der Embryo entwickelt die sechs Sinneskräfte (Sehen, Hören, Riechen, Schmekken, Tasten, Verstand), die als nächstes Glied in der Kette des Entstehens in gegenseitiger Abhängigkeit gelten *(shadâyatana, skye mched drug)*. Wenn diese Sinneskräfte mit Objekten unter dem Antrieb von Bewußtseinsenergie zusammentreffen, ergibt sich eine Berührung *(sparsha, reg pa)*, die als angenehm, unangenehm oder neutral empfunden wird. Die Differenz schlägt sich als entsprechendes Gefühl *(vedanâ, tshor ba)* nieder, das die Erscheinung wertet. Das achte Glied der Kette ist dann das Anhaften *(trishna, sred pa)*, das angenehmen Empfindungen Dauer verleihen und unangenehme abschütteln will. Dieses Anhaften steigert sich zur Begierde *(upâdâna, len pa)*, die sich – so die tibetischen Psychologen – auf vierfache Weise auswirkt: a) das unstillbare Verlangen nach Lustgewinn durch angenehme Formen, Klänge, Düfte, Geschmäcker und berührbare Objekte, b) das Sich-Ausrichten auf falsche Anschauungen, die dem Ich unabhängige Existenz und Macht vorspiegeln, c) das Verlangen nach Verhaltensweisen und Haltungen, die dem falschen Existenz- und Machtanspruch des Ich Ausdruck verleihen und ihn stärken, d) das Verlangen nach »Ich« und »mein«, das nun vollständig das Bewußtsein bestimmt.

Das zehnte Glied, Werden *(bhava, srid pa)*, ist Resultat des zweiten (skt. *samskârakarma)* und aller seiner Folgen, die wir in den Glie-

dern drei bis neun finden. Geburt *(jâti, skye ba)* als elftes, sowie Altern und Tod *(jarâmarana, rga shi)* als zwölftes Glied schließen den Kreislauf.
Nâgârjuna, der große Mahâyâna-Philosoph des 2. Jh.n.Chr. und Begründer der Mâdhyamika-Philosophie, hat innerhalb der zwölfgliedrigen Kette drei Verblendungen und zwei Handlungskomplexe unterschieden. Die Verblendungen sind Unwissenheit, Anhaften und Begierde, also das erste, achte und neunte Glied, während karmische Bildungen (zweites Glied) und Werden (zehntes Glied) die karmischen Handlungskomplexe ausmachen. Die anderen sieben Charakteristika sind Resultate, die im jeweils zukünftigen Leben erfahren werden.
Es geht hier also um ein gegenseitiges Sich-Bedingen: ein jedes ist Bedingung des anderen und alle Dinge sind gegenseitig voneinander abhängig. Dies ist die allgemeine Struktur der Wirklichkeit, und die Darstellung des Prozesses mit Bezug auf den Menschen ist deshalb so wichtig, weil Einsicht in den Kreislauf Voraussetzung seiner Überwindung ist. Denn im Bewußtsein entstehen die karmischen Bildekräfte, die sich auf dem Weg zur Befreiung entweder förderlich oder aber hinderlich auswirken können.

Shûnyatâ – Leere

In der Mahâyâna-Philosophie, die für den tibetischen Buddhismus verbindlich ist, wird das Entstehen in gegenseitiger Abhängigkeit (skt. *pratîtyasamutpâda*) durch die Erfahrung der Leere (skt. *shûnyata*) erklärt und umgekehrt. Leere ist nicht »Nichts«, sie hat auch nichts mit Nihilismus zu tun, sondern besagt nichts anderes als: die Dinge – und vor allem das Ich – haben keine Existenz in und aus sich selbst, sondern sie hängen voneinander ab. Und die gegenseitige Bedingtheit aller Erscheinungen der Welt ist nichts anderes als ihre »Leere in bezug auf inhärente Existenz« (skt. *svabhâva*), wie man im Buddhismus sagt.
Anders und einfach ausgedrückt: Alles ist nur, indem es mit allem kommuniziert. Das Sein ist ein ursprüngliches In- und Miteinander-

sein, ein Netz der Liebe. Unwissenheit und der gesamte Kreislauf des Leidens tritt dort auf, wo das Ich aus sich selbst etwas sein will, getrennt von anderen und gegen sie – und letztlich gegen sich selbst. Aber um zu dieser Erkenntnis zu gelangen, bedarf es tiefer Einsicht. Die Leere, das Nicht-aus-sich-selbst-Sein der Person und der Dinge, wird im Buddhismus durch logische Argumente nachgewiesen. Betrachten wir zum Beispiel einen Menschen namens Karl, so meinen wir, einen Karl zu sehen, der einen Körper und ein Bewußtsein hat. Was ist aber dieser Karl, der angeblich »hinter« diesen beiden Erscheinungen – Körper und Bewußtsein – ein unabhängiges Ich wäre? Man kann ihn nicht finden, wie lange man auch suchen mag. Das, was wir im Begriff »Karl« benennen, ist das Zusammenspiel vieler Faktoren, körperlicher und geistiger, die beständigem Wandel unterliegen: »Karl« ist *leer* in bezug auf inhärente Existenz. Das gilt für alle Erscheinungen, die wir zwar für Dinge halten, die in Wirklichkeit aber nicht dinglich sind. Substantialität ist die Grundillusion, aus der alles weitere folgt: das Anhaften an den »Dingen«, die wir festhalten möchten, die aber zerrinnen, die Frustration daran, der Ärger, der sich daraufhin im Haß entlädt, die ganze Kette des Leidens, die in unserer Projektion wurzelt, daß da etwas unabhängig von unseren Bewußtseinszuständen ist, das wir »haben« wollen, je mehr es sich entzieht, und das wir umgekehrt loswerden wollen, je mehr es uns bedrängt. Man übertrage nur diesen Mechanismus auf zerstörte menschliche Beziehungen, auf die Frustration von Partnern, die ihre wechselseitige Projektion nicht erkennen und darum den anderen beschuldigen, um die tiefe Weisheit dieser Gedanken zu ermessen. Alles Böse in der Welt beruht für den Buddhisten auf dieser elementaren Fehlhaltung. Kann man diese wirklich überwinden, hat sich der Kreislauf des Leidens verwandelt in die wunderbare unbeschreibliche Wirklichkeit, deren Erfahrung reine Seligkeit ist. Der Unterschied zwischen dem Kreislauf des Leidens (skt. *samsâra*) und der Erfüllung im *nirvâna* ist weder ein räumlicher noch ein zeitlicher. Es handelt sich auch nicht um eine andere Wirklichkeit, denn *nirvâna ist samsâra* und umgekehrt. Der Unterschied ist allein eine Frage

der Erkenntnis, der direkten Erfahrung der Wirklichkeit, wie sie ist. Er ist – so sagt man in der Philosophie – nicht ontologischer, sondern epistemologischer Natur.
Das Aufhören des Wahns der Eigenmächtigkeit des Ich bringt geistigen Frieden, allerdings nicht, wenn dies nur eine intellektuelle Einsicht bleibt, der andere Gemütskräfte widerstreben, sondern nur, wenn eine direkte meditative Erfahrung von der Ganzheit der Wirklichkeit das körperliche, psychische und mentale Geschehen des Menschen in der großen Nicht-Zweiheit aller Lebensvorgänge transformiert. Das nennt man *nirvâna*, das Verlöschen des Ich-Wahns, das aber nur dem Unerfahrenen als kalte schwarze Nacht erscheint – die buddhistischen Meister haben von Anfang an dieses *nirvâna* auch als reines Licht, unüberbietbare Seligkeit, Hafen des Lichtes und des Friedens beschrieben.

b) Geist, Bewußtseinsebenen und mentale Faktoren

Geist ist die grundlegende Wirklichkeit, ein anfangs- und endloses Kontinuum von Prozessen, das auch mit dem Tod nicht endet. Sowohl auf Grund direkter meditativer Erfahrung als auch mittels logischer Analyse beschreibt der Buddhismus diesen Kontinuumscharakter des Geistes. Da Geist nicht aus nichts und auch nicht aus Materie kommen kann, hängt ein geistiger Vorgang an einem vorhergehenden geistigen Vorgang – und so weiter bis ins Unendliche. Dies ist das wichtigste Argument für die Lehre von der Wiedergeburt, denn im physischen Tod löst sich zwar der Körper auf, die subtileren Wirklichkeitsebenen – das subtile Bewußtsein – dauern aber fort und verbinden sich erneut mit einem materiellen Träger. Dies kann der tibetische Yogi direkt erfahren, und alle fortgeschrittenen Übungen des tantrischen Buddhismus haben mit dieser direkten Erkenntnis des geistigen Kontinuums zu tun, wie wir später zeigen werden.
Um die Natur des Bewußtseins zu analysieren und zu beschreiben, studiert man in Tibet die klassischen indischen Systeme Vaibhâshi-

ka, Sautrântika, Cittamâtra und Mâdhyamika. Während in einigen Sutras der Geistgrund *(citta, sems)* mit einem Ozean verglichen wird, auf dem sich die einzelnen Bewußtseinsebenen und mentalen Faktoren *(caitta, sems byung)* wie Wellen und Kräuselungen abspielen, kann in Anlehnung an die Nur-Bewußtseinsschule *(Cittamâtra)* der Geistgrund als Speicherbewußtsein (skt. *âlaya vijñâna)* oder »Universalbewußtsein« gelten, in dem alle geistigen Prozesse verankert, aufgehoben und für erneute Formbildung bereitgestellt sind. Bewußtsein *(jñâna, shes pa)*, Bewußtheit *(buddhi, blo)* und Erkennen *(samvedana, rig pa)* werden dann beinahe synonym gebraucht für die Grundfunktion dieses geistigen Kontinuums. Selbst in der Materie, den sogenannten leblosen Formen, ist das Bewußtsein schon keimhaft angelegt, und die Entfaltung dieses Keimes in immer subtileren Wirklichkeitsebenen bis hin zur Buddhaschaft (skt. *buddhatvâ*) ist der Evolutionsgedanke im Buddhismus. Der Prozeß folgt einer richtungsgebenden Bewußtseinskraft, die allem Sinn verleiht, und diesem Sinn – ein Wort, das ursprünglich »Richtung« bedeutet – nachzuspüren in allen Ebenen und Verzweigungen des geistigen Universums, ist die Aufgabe des Meditierenden.

Die wesentliche Natur des Geistes ist reine Lichthaftigkeit und Erkennen. Daß das Bild vom Licht gebraucht wird, verwundert nicht, da ja die Erfahrung des Durchbruchs durch den Schleier der Unwissenheit als Er-leuchtung erlebt wird, und nicht von ungefähr beschreiben Meditierende ihre tiefen Erfahrungen überall in der Welt mit Lichtsymbolen, in Tibet bis hin zum »Geist des Klaren Lichtes« (tib. *'od gsal*), der die unzerstörbare und über den Kreislauf der Geburten hinausragende Kontinuität verbürgt.

Nur dieser tiefste Grund ist überzeitlich, während die Erscheinungen der Bewußtseinsebenen, Bewußtseinsinhalte und mentalen Faktoren dem ständigen Wandel und Zerfall unterliegen. Wer sein Bewußtsein nur einen Augenblick betrachtet, wird der ungeheuren Dynamik, des Springens und der Kurzlebigkeit der Gedanken und Gefühle gewahr.

Die Nur-Bewußtseinsschule hat ihren Namen daher, daß sie behauptet, die materiellen Erscheinungen seien nichts anderes als Reflexe bzw. Bewußtseinsprojektionen. Dem stimmen die meisten tibetischen Buddhisten, die einflußreiche Geluk-Schule zumal, nicht zu. Denn, so argumentierte schon *Shântideva*, was wird dann von wem erkannt? Obgleich die Wirklichkeit ein unteilbares Ganzes ist, müssen die relativen Unterscheidungen von Materie und Geist, von Individualität und Universalem als Polarität begriffen werden, wobei beide Pole einander aufs innigste durchdringen, ja einander hervorbringen. Aber es ist das Bewußtsein, das allem Form gibt. Die Theorie vom Karma bedeutet ja, daß Bewußtseinstendenzen (Motivationen, Gedanken) Gestaltung im körperlichen Bereich zur Folge haben: unser gegenwärtiger Körper und die allgemeine Situation der äußeren Umstände sind Resultat des Denkens, und zwar aller Bewußtseinsenergien, die gegenwärtig verströmt werden, wie auch all derer, die in der Vergangenheit, ja in vorigen Leben, gewirkt haben. »Dir kann nichts widerfahren, was du nicht selbst bist«, sagt ein indisches Sprichwort und meint, recht verstanden, genau diesen Zusammenhang. Deshalb ist es so wichtig, das Bewußtsein von seinen Verunreinigungen zu trennen und zum Geistgrund, dem Klaren Licht, vorzudringen und damit zur wahren Natur der Wirklichkeit zu erwachen.

Was ist aber letztlich »Bewußtsein« oder »Geist«? Es ist das, was allem zugrunde liegt. Aber gibt es ein über die individuelle Erfahrung hinausgehendes universales Bewußtsein? Der Buddhist wird diese Frage weder bejahen noch verneinen, denn er will jede Konzeptualisierung vermeiden. Der Begriff verfälscht ja die Sache, weil er auf der Projektion eines momentanen Bewußtseinszustandes beruht. Auch wenn man von einem individuellen oder universalen Bewußtsein spricht, ist das nichts anderes als eine Funktion meines jeweiligen Erkenntnisvorganges, der von dem verschleiernden Netz der Verunreinigungen (skt. *klesha*) mitbestimmt ist. Aber schon für *Nâgârjuna* wird dieses Netz in dem Moment durchbrochen, da das Wesen der Erscheinung in überrationaler Erkenntnis zutage tritt, wenn also der Schleier der Unwissenheit abfällt und die Wirklichkeit in ihrer Soheit (skt. *tathatâ*) und Nicht-Dualität erscheint. Außerdem können ja Begriffe wie Boddhisattvaschaft, *nirvâna* und Buddha-

Natur allgemein angewendet werden, wenn anders der Buddhismus als *Lehre* nicht ad absurdum geführt werden sollte. Uns scheint also, daß wir begründet von einem überindividuell-transpersonalen »universalen Bewußtsein« sprechen können, ohne fremde Kategorien auf die buddhistische Geisteswelt zu übertragen, obwohl dieser Begriff im Buddhismus so nicht vorkommt. Allerdings muß man im Auge behalten, daß die Vielfalt der Meinungen gerade hinsichtlich des Bewußtseinsverständnisses innerhalb und zwischen den verschiedenen buddhistischen Schulen sehr groß ist.

Jedenfalls ist uns Wirklichkeitserfahrung nie direkt gegeben, sondern nur vermittelt durch Formen des eigenen Bewußtseins. Diese grundlegenden Strukturen des Bewußtseins zu erkennen, die verschiedenen Ebenen und Erkenntnisweisen zu unterscheiden und auf ihren jeweiligen Erkenntniswert zu prüfen, bedeutet dann, die Brille zu untersuchen, die wir ständig tragen, und sie zu putzen, damit wir vergröbernde, verzerrende oder farbstörende Wirkungen korrekterweise der Brille und nicht dem Objekt der Erkenntnis zuschreiben.

Bewußtseinskräfte und ihre Trägerenergien

Bewußtsein, und das ist wiederum eine grundlegende buddhistische Erfahrung, ist nicht nur das, was wir während des Wachens und im analytisch-diskursiven Denken erfahren. Schon in den Träumen meldet sich eine andere Bewußtseinsebene, im Tiefschlaf nimmt das Bewußtsein wieder einen anderen Charakter an, um in verschiedenen meditativen Zuständen erneut ganz anders zu erscheinen, bis schließlich im bewußt erlebten Sterbeprozeß alle Bewußtseinsebenen nacheinander erfahren werden, da sie sich sukzessive auflösen.

In den tantrischen Lehren spricht man nicht nur von den schon erwähnten *skandhas*, sondern von sechs Elementen oder Kräften, die als Bewußtseinsträger im weitesten Sinn gelten können: Erde, Wasser, Feuer, vitale Energie *(prâna, rlung)*, Energiekanäle *(nâdi, rtsa)* und Energiekonzentrationen *(bindu, thig le)*. Im engeren Sinn ist die jeweilige Trägerenergie für jeden Bewußtseinsimpuls ein *prâna*. Wenn man von Bewußtsein spricht, meint man also immer den eigentlichen Bewußtseinsimpuls und seine Trägerenergie. Diese prânischen Kräfte fließen in zweiundsiebzigtausend Kanälen durch den gesamten Körper und erhalten ihn am Leben. Der Meditierende muß diese äußerst subtile »Physiologie« kennen, um mittels der Bewußtseinskraft die Energien stärken zu können, wo sie nicht ungehindert fließen und dadurch Krankheit verursachen, vor allem aber, um sie im mittleren Hauptkanal *(sushumna, rtsa dbu ma)* zu bündeln, damit er meditative Konzentration erreichen kann. Diese inneren Energien haben ihre *Entsprechungen* im materiellen Bereich. Es handelt sich *nicht* um einfache Kausalität zwischen beiden Bereichen, so daß etwa *prâna* die Ursache für den Atem wäre. Die Wirklichkeit ist viel komplexer: sie läuft gleichzeitig auf verschiedenen subtilen Ebenen ab – von den materiellen bis zu den geistigen –, und Veränderungen auf der einen Ebene *entsprechen* Veränderungen auf allen anderen, weil alle in Wechselwirkung miteinander stehen. So nennt man etwa die Energiekonzentrationen »Tropfen« und denkt dabei an die physische Entsprechung der roten Tropfen des Blutes und der weißen Tropfen der Samenflüssigkeit, die zusammenkommen müssen, um ein energetisches Niveau zu schaffen, das neues Leben ermöglicht. Auf der feinstofflichen Ebene können die Kräfte, die diesen Tropfen entsprechen, durch die Bewußtseinskraft in den Energiekanälen so gelenkt werden, daß sie sich im Hauptkanal auf- und abbewegen, um an bestimmten Stellen konzentrierte Bündel zu bilden, die dem Bewußtsein jene Intensität verleihen, die nötig ist, um in tiefere Bereiche der Geisterfahrung, d.h. in Richtung auf das Universalbewußtsein, vorzustoßen. Diesen Zusammenhang muß man genau verstehen, will man den tantrischen Buddhismus nicht fehldeuten: es handelt sich nicht um Manipulation der sexuellen Kräfte auf der körperlichen Ebene – was schon dadurch klar ist, daß die Energie der weißen Tropfen hauptsächlich an einem Punkt unter der Schädeldecke, die der roten Tropfen im *solar plexus* gesammelt ist, also nicht primär in den entsprechenden physischen genitalen Bereichen –, sondern es handelt sich um den geschickten Gebrauch der mit diesem Bereich verbundenen feinstofflichen Energien, die nun einmal zu den wesentlichen Kräften im Menschen gehören und ohne deren Kontrolle und Konzentration die verschiedenen Bereiche des lebendigen Stromes der Kreativität nicht zu Harmonie und Blüte gebracht werden können.

Die verschiedenen *prânas* haben unterschiedliche psycho-physisch-mentale Funktionen. Sie konzentrieren sich in Energiezentren, die man *cakras* (tib. *rtsa 'khor*) nennt. Grundsätzlich gelten alle *cakras*, die von der Basis der Wirbelsäule über das Nabel- und Herzzentrum, über das Kehl- und Stirnzentrum bis hinauf zum »tausendblättrigen Lotos« an der Schädelkrone eine kontinuierliche Linie bilden, als Einstiegszentren in den Energiebereich des Zentralkanals. Lenkt man also die Aufmerksamkeit auf ein bestimmtes *cakra*, wird diese Energieebene aktiviert, was entsprechende Bewußtseinsphänomene auslöst. Ist man einmal – durch welches *cakra* auch immer – in den inneren Kreislauf der Energien im Zentralkanal »eingetreten«, können nun innerhalb des *cakra*-Systems entsprechende Stufenmeditationen durchgeführt werden, die alle Bewußtseinskräfte immer mehr verdichten, so daß man tiefer und tiefer in den geistigen Bereich eindringt.

Gewöhnlich meditiert man über das Nabelzentrum (skt. *manipûra cakra*), weil hier die »innere Hitze« (tib. *gtum mo*) erzeugt wird, die für die Intensivierung des Bewußtseins förderlich ist. Man zieht also die *prânas* in den Zentralkanal zurück, wodurch die Konzentrationskraft überaus stark und alldurchdringend wird, was wiederum die Intensität des Bewußtseins vermehrt.

Die *cakras* bringen in aufsteigender Folge zunehmende Differenzierungen und Vergeistigung der Grundkräfte zum Ausdruck. Die unteren Zentren haben es mit den erdgebundenen regenerativen Kräften zu tun, die allmählich transformiert werden, bis man zu den oberen Zentren, in denen die karmisch-geistigen Kräfte zur Auswirkung kommen, gelangt. Das Herzzentrum ist die eigentliche Mitte des Menschen, der Schnittpunkt von erdhaften und geistigen Kräften, von Natur und Geist, Gefühl und Verstand. Deshalb beläßt man es nicht bei der Aktivierung der im Kopf gelegenen Zentren, sondern lenkt – immer mittels meditativer Achtsamkeit – die Geisteskraft wieder hinab zum Herzen, das nicht nur als eigentlicher Sitz des Geistgrundes gilt, wie wir in der Betrachtung des Sterbeprozesses noch darlegen werden, sondern auch die Ebene der heilenden Hinwendung und Liebe zu allen Lebewesen ist, womit das Ziel aller Motivation jedes Mahâyâna-Buddhisten erreicht ist – in den tiefsinnigen Worten von Lama Anagarika Govinda[8]: »Der Durchbruch zur Transzendenz vollzieht sich in der völligen Bewußtwerdung der polaren Einheit der unteren und oberen Zentren, also wenn das Bewußtsein der Tiefe des Ursprungs und der kosmogonischen Gewalten in das Licht der höchsten Erkenntnis gehoben ist. Diese Transzendenz aber würde einer Weltflucht und Auflösung aller Daseinswerte gleichkommen, wenn sie nicht auf der Ebene des Menschlichen zum Brennpunkt einer neuen größeren Lebenserfassung würde, in der beide Pole der Wirklichkeit vereint sind: die lebendige, atmende Gegenwart individuellen Daseins und das überindividuelle, übergegensätzliche Zeitlose.«

Bewußtseinsebenen

Die Bewußtseinslehre des tibetischen Buddhismus gründet sich auf äußerst genaue Beobachtung, die durch jahrhundertelange Meditation und logische Analyse gestützt wird, so daß die Tibeter in der Klassifikation von Bewußtseinsebenen, geistigen Strukturen, mentalen Prozessen usw. weiter fortgeschritten sind als wohl irgendeine andere Kultur in der Welt. Es ist hier nicht möglich, auch nur annähernd dieses mächtige Gebäude darzustellen – man müßte Bände füllen –, wobei wir aber bedenken sollten, daß die Lamas keinen Hehl daraus machen, daß exakte und umfassende Vertrautheit mit all diesen Aspekten des Bewußtseins *Voraussetzung* dafür ist, daß ein Schüler durch Meditation zielstrebig die höheren bzw. tieferen Bewußtseinsebenen erreichen kann, indem er nach einem exakt vorgezeichneten Plan die geistigen Verunreinigungen (die leidverursachenden Emotionen wie Ärger, Haß, Anhaften usw.) allmählich auflöst. Westlichen Meditationsbegeisterten ist oft nicht klar, daß hier eine Aufgabe angesprochen ist, die man nicht im

Vorübergehen lösen kann. Wer den buddhistischen Weg des Geistestrainings gehen will, braucht Hingabe, Geduld und Beistand in einem Maße, wie wir es uns kaum vorstellen können. Schnellkurse bescheren bestenfalls ein kurzes meditatives Erlebnis, das den Menschen aber nicht wirklich transformiert. Ohne diese Transformation, die angestrebt wird, um heilende Hinwendung und Liebe zu allen Wesen wirklich rein, umfassend und ichlos üben zu können, ist der Weg der Meditation aber fragwürdig.

Wir müssen einige wichtige Unterscheidungen erläutern, damit deutlich wird, daß die Bewußtseinsphilosophie des tibetischen Buddhismus nichts Nebulöses ist, kein exotischer Rauschtrank, sondern ein äußerst rationales System, wobei Meditation und Rationalität einander nicht ausschließen sondern ergänzen: beide erschließen verschiedene Bewußtseinsbereiche und sind noch viel enger verknüpft, wie wir später zeigen werden.

Bewußtsein ist weder nur ein Sammelbecken für Informationen noch ein bloßer chemo-elektrisch funktionierender Gehirnmechanismus, sondern das Kontinuum *aktiver* Momente des Erkennens. Deshalb kann man im Tibetischen sagen: Bewußtsein ist das, was klar und erkennend ist. Man unterscheidet Aufmerksamkeit *(buddhi, blo)* und Erkenntnis *(jñâna, rig pa)*. Nur durch Intensivierung und Reinigung des Bewußtseins, deren Vollendung die Erleuchtung ist, kann Aufmerksamkeit so ungeteilt und Erkenntnis so klar werden, daß die letztgültige Natur des Geistes, das Klare Licht (tib. *'od gsal*) wahrgenommen wird. Das Klare Licht ist aber keine Substanz, denn sein Wesen ist leer (skt. *shûnya*) in bezug auf jede mögliche begrenzende Kategorie – es ist reines Licht, das nicht begrifflich faßbar ist, da es jenseits aller Dualität strahlt. Es hat keinen Anfang und hört nie auf. Es ist im Menschen schon immer gegenwärtig, ohne daß er dies weiß. Die Erfahrung des Klaren Lichtes in der Meditation oder im Sterben hat eine solche Wucht, daß sie das Leben transformiert, was sich bis in den körperlichen Bereich auswirkt.

Das Klare Licht wird verdunkelt durch die Verunreinigungen *(klesha, nyon mongs)*, die daher rühren, daß anfangslos die wahre Natur der Erscheinungen nicht korrekt wahrgenommen wird *(avi-*

dyâ, ma rig pa). Woher die Unwissenheit, *avidyâ*, letztlich kommt, ist eine Frage, die der Buddha nicht beantworten wollte, und auf die Buddhisten zwar Antworten versucht haben, die aber nicht befriedigend sind. Der Buddha antwortete mit dem Gleichnis vom brennenden Haus: Wer in einem brennenden Haus eingeschlossen ist, fragt nicht, woher das Feuer kommt, wie es gelegt worden sein könnte und vieles mehr, sondern sucht nach einem Weg, herauszukommen. Dies entspricht der menschlichen Situation. Alle Fragen, die nicht direkt dazu beitragen, das verunreinigte Bewußtsein zu reinigen, Herz und Verstand in Einklang zu bringen, damit selbstlose Hinwendung und begierdefreie Liebe zu allen Wesen geübt werden können, lenken von der eigentlichen Aufgabe ab. Die tibetischen Meister demonstrieren hier eine erfrischende Lebensnähe und engagierten Praxisbezug, wie wir immer wieder besonders in den Begegnungen mit dem Dalai Lama verspüren konnten.

Die Klassifizierung der Bewußtseinsebenen geht zurück auf die indische Sanskrit-Literatur, die bis zum 11. Jh.n.Chr. vollständig ins Tibetische übersetzt wurde. Es seien nur die Namen *Dignâga* (480-540 n.Chr.) mit seiner Schrift *Pramânasamuccaya*, der große Logiker und deshalb »buddhistischer Aristoteles« genannte *Dharmakîrti* (600-660 n.Chr.) mit seinem Kommentar zu Dignâga, dem *Pramânavarttika*, und *Asanga* (um 350 n.Chr.) mit seinem Buch *Abhidharmasamuccaya*, genannt. Die tibetischen Kommentatoren haben die Beobachtungen und Unterscheidungen noch weiter verfeinert, vermutlich weil die Möglichkeit, das System tantrischer Meditation in den abgeschiedenen Schneewüsten Tibets zu praktizieren, einen erheblichen Erkenntniszuwachs brachte. Die großen Namen, die entsprechende klassische Texte in Tibet verfaßt haben, sind *Sakya Pandita* (1182-1251) und natürlich *Tsongkapa* (1357-1419), der Begründer der Geluk-Schule (genannt »Gelbmützen«).

Man geht von den fünf *skandhas* (Aggregate) aus, die wir schon beschrieben haben. Die fünfte Ebene *(vijñâna skandha)*, so hatten wir gesehen, ist der Bereich der Bewußtseinskräfte, die wir im folgenden näher erläutern werden. Man unterscheidet *Bewußtseinsformen (citta, sems)* und mentale Faktoren *(caitta, sems byung)*. Eine bestimmte Bewußtseinsform erkennt nur die Wesenheit eines Objektes, während mittels der mentalen Faktoren einzelne Eigenschaften unterschieden werden können. Dennoch haben beide viele Gemeinsamkeiten, entspringen sie doch derselben Basis.

Die Logiker unterscheiden sieben Erkenntnisweisen:

1. direkte Erkenntnis *(pratyaksha, mngon sum)*
2. Schlußfolgerung *(anumâna, rjes dpag)*
3. nachfolgende Erkenntnis *(paricchinna-jñâna, bcad shes)*
4. korrekte Annahme *(manah parîkshâ, yid dpyod)*
5. Erscheinungen, die ohne Gewißheit der Feststellung bleiben *(aniyata-pratibhâsa, snang la ma nges pa)*
6. Zweifel *(samshaya, the tshom)*
7. Fehlerkenntnis *(viparyaya-jñâna, log shes)*

Um das Verständnis zu erleichtern, sei jeweils ein Beispiel genannt, wobei wir über (1.) direkte Erkenntnis gesondert sprechen werden. Die *Schlußfolgerung* beruht auf dem Zusammenhang von Ursache und Wirkung: ich sehe Rauch und schließe, daß da Feuer ist. Fehlerfrei ist der Schluß nur, wenn keine Fehlwahrnehmung vorliegt und das Zeichen (in diesem Fall Rauch) in das richtige Verhältnis zur Ursache gesetzt wird. Dafür haben die indischen Logiker Regeln aufgestellt, die ebenso exakt wie die der abendländischen Logik sind, wenn sie sich auch vom Schlußverfahren des Aristoteles durchaus unterscheiden. Eine *nachfolgende Erkenntnis* beruht auf direkter Erkenntnis oder Schlußfolgerung, geht aber einen Schritt weiter, ohne daß eine neue Wahrnehmung gemacht würde. Bei *korrekter Annahme* handelt es sich darum, das von anderen vermittelte Wissen, das wir akzeptiert haben (etwa: die Erde ist rund), abzuwägen, ohne es durch direkte Erfahrung zu bestätigen oder in Zweifel zu fallen. *Erscheinungen, die ohne Gewißheit der Feststellung bleiben*, sind solche, die nicht voll bewußt wahrgenommen werden, weil die Aufmerksamkeit nicht darauf gerichtet ist (etwa: ein Auto, das während des Gesprächs draußen vorbeifährt). Der *Zweifel* beruht auf völliger Ungewißheit über eine Sache oder schwankt zwischen zwei Möglichkeiten hin und her. Er kann ein wichtiger Anfang sein, vertraute und lang gehegte Vorstellungen, die falsch sind, zu überwinden.

Fehlerkenntnis nimmt das Objekt falsch wahr, sieht also zum Beispiel falsche Farben bei Farbenblindheit oder nimmt ein aus sich selbst bestehendes Ich wahr, wo in Wirklichkeit gar keines ist. Hier setzt im Buddhismus die analytische Meditation an, um im Beweisverfahren (*nyâya, rigs pa)* diesen Fehler, der auf falscher Wahrnehmungs- und Denkgewohnheit beruht, zu beseitigen. Die meditative *direkte* Erfahrung der Wirklichkeit des universalen Zusammenhanges und damit des Nicht-Selbst ist eine vertiefende *Ergänzung* zu der bereits vollzogenen logischen Analyse. Zumindest ist das die Methode der Geluk-Schule. Andere tibetische Orden legen weniger Gewicht auf analytische Meditationsmethoden.

Wie aber ist nun *direkte Erkenntnis* (1) zu erklären? Es werden vier Arten direkter Erkenntnis unterschieden[9]:

1. *Sinnliche Wahrnehmung (indriya-pratyaksha, dbang po' i mngon sum)*: Entsprechend den Sinnesorganen gibt es ein Selbstbewußtsein, Hörbewußtsein, Geruchsbewußtsein, Geschmacksbewußtsein, Tastbewußtsein, die jeweils Formen und Farben, Gerüche, Geschmack und Berührungsobjekte wahrnehmen. Eine sinnliche Wahrnehmung kommt zustande, wenn a) ein Sinnesobjekt (skt. *âlambana-pratyaya*), b) ein Sinnesorgan (skt. *asâdhârana-adhiparipratyaya*), das der am Objekt wahrzunehmenden Eigenschaft entspricht – ein Auge kann nicht Klänge wahrnehmen –, und c) ein unmittelbar vorhergehendes Bewußtseinsmoment (skt. *samanantara-pratyaya*), das die Verbindung von (a) und (b) herstellt sowie dem Vorgang Perzeptionskraft bzw. Bewußtheit verleiht, zusammenkommen. Weil so jedem Bewußtseinsmoment ein anderer vorhergehen muß, ist das Bewußtseinskontinuum unendlich.
2. *Mentale Wahrnehmung (manasa-pratyaksha, yid kyi mngom sum)*, die auch noch zur Gruppe der Sinnesbewußtseine gezählt werden kann. Das Bewußtsein, das der Leerheit der Erscheinungen – entweder direkt oder im Schlußverfahren – gewahr wird, ist ein mentales Bewußtsein. Bei Wesen, die nicht Buddhas sind, ist es noch durch Verunreinigungen getrübt. Wer schon auf dem Meditationsweg fortgeschritten ist, erfährt Tiefenwirkungen die-

ser Erkenntniskraft, wenn erste Bewußtseinsverdichtungen auftreten wie etwa beim Hellsehen *(abhijñâ, mngon shes)*, dem Gedankenlesen, der Erinnerungsfähigkeit an frühere Geburten und der Fernwahrnehmung. Dies sind für die tibetischen Buddhisten keine mysteriösen Vorgänge, sondern normale Bewußtseinserfahrungen, die dann möglich werden, wenn die subtilen Ebenen des Bewußtseins aktiviert werden, was gleichbedeutend damit ist, daß das Bewußtsein von den groben und feinen Verunreinigungen (Verdinglichung der Wirklichkeit, Projektion von Gefühlen auf die Umwelt, Ärger, Begierde, Zerstreuung der Bewußtseinskraft) gereinigt ist.

3. *Selbsterkenntnis (svasamvedana-pratyaksha, rang rig mngon sum)*, die ein Bewußtsein ist, das die jeweilige Wahrnehmung beobachtet, ein immer gegenwärtiges »bezeugendes Bewußtsein«, das heißt Wahrnehmung der Wahrnehmung, die Eindrücke einordnet und Zusammenhänge herstellt. Selbst die große Einheitsschau, das »Verschmelzen« des Individuums mit dem Klaren Licht, wird von dieser Bewußtseinskraft begleitet, was erklärt, daß dieser letzte Zustand als höchste Seligkeit *erfahren* wird und *nicht* ein totales Aufgehen des wahrnehmenden Bewußtseins in einem ununterscheidbaren Einen ist, wie es das bekannte Bild vom Wassertropfen, der in den Ozean versinkt, nahelegt. Diesbezüglich gibt es Unterschiede und Widersprüche in den buddhistischen Traditionen. Jedenfalls würde auf Grund der hier beschriebenen Selbsterkenntniskraft das in der Individuation gereifte Bewußtsein im Stadium der Buddhaschaft nicht einfach verschwinden, sondern in polarer Einheit mit dem universalen Bewußtseinsgrund, allerdings in ständiger »Neuschöpfung« des Kontinuums des Klaren Lichtes, die Wahrnehmung und Seligkeit dieses Zustandes ermöglichen – Buddhaschaft nicht als Verlöschen, sondern als Erfüllung! Dies ist die Meinung vieler tibetischer Meditationsmeister, und Gespräche mit dem Dalai Lama sowie mit Lati Rinpoche genau zu diesem Punkt, der für Christen immer eine wichtige Frage beim Verständnis des Buddhismus und der buddhistischen Erlösung darstellt, haben

uns gelehrt, Vorurteile und Einseitigkeit fallenzulassen. Allerdings akzeptieren nicht alle Schulen die Existenz dieser Erkenntnisweise[10], und zwar nicht deshalb, weil man dann einen Dualismus im Zustand der Befreiung annehmen müßte, sondern weil man immer weiter zurückgehen könnte, von einem beobachtenden Bewußtsein zum Bewußtsein, das dieses beobachtende Bewußtsein beobachtet – *regressus ad infinitum.*

4. *Direkterkenntnis des Yogi (yogi-pratyaksha, rnal 'byor mngon sum)* ist eine direkte, nicht begrifflich vermittelte Erfahrung der Leere und des Entstehens in gegenseitiger Abhängigkeit, ein unmittelbares »Schauen« der Wirklichkeit, wie sie ist, das nur nach langer meditativer Übung möglich wird. Die direkte Erkenntnis beruht auf der meditativen Stabilisierung (skt. *samâdhi*). Diese Erfahrung ist zu unterscheiden von dem gewöhnlichen Hellsehen, das Eigenart der mentalen Wahrnehmung ist und noch im Bereich verdinglichter Dualität bleibt, also noch eine relativ niedrige Bewußtseins- und Wirklichkeitsebene darstellt. Die Direkterkenntnis des Yogi beruht nicht auf dem Kraftstrom, der mit der Kraft der Sinneswahrnehmung verbunden ist, sondern auf der Energie, die in meditativer Stabilisierung frei wird.

Mentale Faktoren

Die Kenntnis der wichtigsten mentalen Faktoren ist eine Voraussetzung für das Verständnis der Meditation[11].

Man unterscheidet einundfünfzig mentale Faktoren, die in sechs Gruppen angeordnet werden. Dazu gehören die allgegenwärtigen Faktoren *(sarvatraga, kun 'gro)* wie Fühlen, Unterscheidung, Intention usw., ebenso die sechs fundamentalen Verschmutzungen (Begierde, Ärger/Haß, Stolz, Unwissenheit, Zweifel und leidverursachende Ansichten) sowie die zwanzig sekundären Leidverursacher. Ich möchte kurz auf die Gruppe eingehen, die man die fünf bestimmenden mentalen Faktoren nennt, weil sie zum tieferen Verständnis der Meditationspraxis und des Heilsweges im tibetischen Buddhismus besonders wichtig sind:

1. Trachten *(chanda, 'dun pa)*
2. Glaube *(adhimoksha, mos pa)*
3. Achtsamkeit *(smriti, dran pa)*
4. Stabilisierung *(samâdhi, ting nge 'dzin)*
5. Weisheit *(prajñâ, shes rab)*

Das *Trachten* beruht auf der Beobachtung einer Erscheinung, deren Vorteilhaftigkeit oder Nützlichkeit für den geistigen Entwicklungsprozeß erwogen wird. Verbunden mit der rationalen Erwägung, die den Wandel aller Erscheinungen erkennt, entsteht auf dieser Grundlage eine starke Sehnsucht, durch Meditation den Geistgrund und damit die Leere selbst zu erfahren. Daraus ergibt sich der *Glaube*, daß der vom Buddha gewiesene Weg richtig und für jeden begehbar ist. Trachten und Glaube erzeugen eine starke Motivation, den Weg der Meditation zu betreten und äußeren wie inneren Widerständen standzuhalten, zum Beispiel alte Gewohnheiten und Trägheit zu überwinden, um die Meditationsübungen zu praktizieren. Trachten und Glaube werden nicht nur in den Klöstern geübt, sondern spielen im täglichen Leben der Familien eine große Rolle. Durch Gebete, Erzählungen von Heiligen, Schriftlesungen und Zeremonien, die am Familienaltar täglich vollzogen werden, wird der Tagesablauf von der Kraft dieser beiden mentalen Faktoren bestimmt. Auch bei der täglichen Arbeit im Haus oder bei der Bestellung des Feldes sowie auf Wanderungen murmeln die Tibeter unablässig entsprechende Texte, die helfen, die spirituelle Motivation wachzuhalten. Dies verbindet sich mit dem nächsten Faktor, der *Achtsamkeit*, die bereits eine erste Grundübung buddhistischer Meditation darstellt. Im Buddhismus ist Achtsamkeit entscheidende Voraussetzung und Hilfe bei der Entwicklung der Konzentrationskraft, auf der die Meditation beruht. Achtsamkeit ist die unabgelenkte Aufmerksamkeit auf ein Beobachtungsobjekt. Dies kann ein äußerer Gegenstand sein, ein Klang, oder eine innere Vorstellung, ein Gedanke oder ein innerlich erzeugtes Bild, oder auch ein innerer leiblicher Vorgang wie das Atmen oder die Blutzirkulation. Dabei unterscheidet man drei Merkmale der Achtsamkeit: ein Objekt muß gut bekannt sein, damit man seine Achtsamkeit ungestört darauf lenken kann; die Bewußtseins-

intensität darf nicht nachlassen; das äußere Objekt muß zur *inneren* Vorstellung werden, auf die sich die Bewußtseinskräfte konzentrieren. *Stabilisierung* ist der Zustand der völligen und andauernden Konzentration auf eine *innere* Vorstellung oder auf ein inneres Bild. Konzentriert man sich mit dem Sehbewußtsein z.B. auf eine Kerze, die vor einem steht, so spricht man noch nicht von Stabilisierung, sondern es handelt sich um eine Form der Achtsamkeit. Erst das Einwärtskehren des Bewußtseins auf ein vorgestelltes Objekt vertieft nämlich die Konzentration. *Weisheit* schließlich ist die direkte Erfahrung der Leere, die von der Entwicklung der anderen Faktoren abhängt und von der logischen Analyse der Natur der Erscheinungen wesentlich mit hervorgebracht wird.
Es gibt noch viele andere mentale Faktoren und Bewußtseinsebenen, vor allem hochentwickelte begriffliche meditative Bewußtseinsformen und entsprechende nichtbegriffliche (transrationale) Bewußtseinsformen. Letztere kann man nur durch Meditation erfahren.

c) Meditation

Meditation ist Geistestraining, d.h. Beruhigung der oberflächlichen Ebenen des Bewußtseins, damit sich die subtilen Ebenen manifestieren können, bis der universale Geistgrund erfahrbar wird, in dem sich die Nicht-Dualität aller Ebenen, nämlich ihre substantielle Leere, offenbart. Man kann Meditation auch als Bündelung der Bewußtseinskräfte bezeichnen, als Kanalisierung der normalerweise diffusen Energieströme, als Schweigen der körperlich-psychisch-geistigen Formen, die dadurch zur uneingeschränkten Rezeptivität gebracht werden. Meditation ist also das Mittel zur vollkommenen Integration aller menschlichen Potentiale, damit der Mensch zur letztendlichen Reifung, zu seiner Bestimmung, gelangt.
Im tantrischen Buddhismus unterscheidet man verschiedene Stadien der Meditation, von der anfänglichen rationalen Einsicht in die Leere und gegenseitige Abhängigkeit der Erscheinungen mittels logischer Argumente (erstes Stadium) über die Konzentration des Bewußt-

seins (zweites Stadium) und die tiefe Einsicht in die Leere vermittels eines Bewußtseins, das bereits erhöhte Konzentrationskraft erlangt hat, also auf einem erhöhten energetischen Niveau operiert (drittes Stadium), bis zu den eigentlichen tantrischen Übungen des Erzeugungs-Stadiums (viertes Stadium) und der vollendeten tantrischen Einheitsschau (fünftes Stadium), wobei es noch viele Unterteilungen zu beachten gäbe.

In einigen Traditionen und Religionen versteht man unter Meditation die Ablösung des Bewußtseins vom Körper, einen Rückzug in die Innenwelt, d.h. Askese, die das Leibliche zurückläßt. Nicht so im Mahâyâna-Buddhismus, und besonders nicht im tibetischen tantrischen Buddhismus: Da die Wirklichkeit ein Ganzes ist, kann und muß man sich aller Kräfte bedienen, um ihre Vereinheitlichung zu erreichen. Nicht Isolation, sondern die Wahrnehmung des ganzheitlichen Wirkungszusammenhanges ist das Ziel. Keine der Wirklichkeitsebenen ist »schlecht«, sie darf sich nur nicht verselbständigen und der Funktion im Ganzen entziehen. Dies ist, vereinfacht gesagt, der *sakramentale Charakter* der Wirklichkeit, der im tantrischen Buddhismus so offenkundig ist. Alles ist Symbol für das Ganze, alles partizipiert am Geistgrund, jeder Teilaspekt ist ein Mikrokosmos, der an Komplexität der Strukturen und Zusammenhänge dem Makrokosmos entspricht. Diese universale Einheit gilt es zu erkennen, damit sie sich im individuellen wie kollektiven Verhalten abbilden kann. Diese Lehre ist äußerst optimistisch, denn die Saat für die Buddhaschaft liegt als potentieller Schatz, den es zu heben gilt, bereits in jedem Menschen. Hebewerkzeug ist das bis ins kleinste Detail erprobte und beschriebene Netz von Meditationsmethoden. Es seien wiederum nur einige wesentliche Merkmale genannt:

1. *Sammlung* (der karmischen Voraussetzungen im Bewußtsein), *(sambhâra-mârga, tshogs lam)*, die vor allem in der Erzeugung des Wunsches und der uneigennützigen Motivation besteht, zur Erleuchtung zu gelangen, damit man allen anderen Wesen vollkommen helfen kann *(bodhicitta)*,
2. *Vorbereitung (prayoga-mârga, sbyor lam)*, bei der durch die Vereinigung von meditativer Stabilisierung (Konzentration) und

tiefer Einsicht in die Leere die Voraussetzungen geschaffen werden, daß der Übende eintreten kann in

3. *direktes Sehen (darshana-mârga, mthong lam)*, wobei die Subjekt-Objekt-Dichotomie schwindet und die grundlegende Einheit der Erscheinungen sozusagen *in* ihrer Leere direkt *geschaut* wird,
4. *Meditation (bhâvanâ-mârga, sgom lam)*, die eine Vertiefung von (3) ist, indem der Übende die acht Ebenen der Vollendung der Bodhisattvaschaft durchläuft, wobei immer subtilere Bewußtseinsverunreinigungen beseitigt werden, und
5. *Vollendung (ahaiksha-mârga, mi slob lam).*

Bodhicitta – der altruistische Erleuchtungsgeist

Wie beginnt man mit der Meditation? Wir stellten diese Frage einem Lama, der als besonders weise und meditationserfahren gilt. Es war in Ladakh, jenem nördlichsten Zipfel Indiens, der bereits hinter der Himalaya-Kette liegt und kulturell zu Tibet gehört. Wir waren tagelang zu Fuß unterwegs gewesen, um, von Zanskar kommend, das berühmte Lamayuru-Kloster zu besuchen. Dort, wo es Straßen gab, hatten wir im Laderaum von Lastautos gesessen, was uns den feinen Staub der Hochtäler noch unerbittlicher als beim Wandern zwischen die Zähne trieb. Dennoch, dem Fahrer waren wir dankbar, denn die verschwielten Füße waren müde, die Schultern konnten den Rucksack kaum noch tragen, und der Atem wurde in viertausend Meter Höhe immer kürzer.

Im Kloster empfing uns der Küchenmönch am Herd. Schmunzelnd reichte er Tee. Am Herd saß noch ein zweiter Ladakhi, der aber offenbar kein Mönch war – er trug zwar die weinrote Mönchsrobe über dem gelben Hemd, hatte aber langes geflochtenes Haar – ein Yogi, der als Einsiedler in einer Höhle lebt, dort meditiert und gelegentlich ins Kloster herabsteigt. Er hatte einen festen, durchdringenden Blick. Trotzdem lag in seinen Augen ein freundliches Strahlen. Doch auch für uns brach er sein Schweigen nicht. Der Küchenmönch hingegen war redselig. Fast alle Klosterbewohner waren unterwegs, um Nahrung und Holz für den Winter zu beschaffen. Nur eine kleine Gruppe studierte für einige Monate unter der Leitung des Abtes Puntsog Rabten in strenger Retraite in dem kleinen Atitsi-Kloster oben auf dem Berg, dessen Räume, so hieß es, nur für intensive Meditation bestimmt seien.

Wir stiegen auf den Berg und hofften, vielleicht doch den Khen-Rinpoche – das bedeutet »Abt« – sprechen zu können. Acht Mönchsstudenten hatten sich mit ihm hier in strikte Klausur begeben.

Wir warten draußen. Dann kommt der Abt und zeigt uns die Höhle, in der der große indische Tantriker Nâropa meditiert haben soll. Er läßt sich schließlich an einem schattigen Platz nieder und schaut uns an. Tief ist das Schweigen in ihm. In dieser Welt der Himalaya-Riesen schwingt das Schweigen, denn es ist kein Laut zu hören, der vom Ton der Stille ablenken könnte.

»Nutzt dieses Leben in menschlicher Form, es ist kurz und eine selten kostbare Gelegenheit«, beginnt der Rinpoche mit leiser Stimme. »Vergeudet keinen Augenblick mit Unnötigem, denn der Weg zur geistigen Vollendung ist lang. Das Elend in der Welt ist so groß. Arbeitet an Euch, meditiert, damit Ihr mit aller Intensität Liebe und heilende Hinwendung zu allen Lebewesen üben könnt.«

Dann schwieg der Lama. Ähnliches hatte man schon gehört. Aber diese schlichte Stimme strahlte etwas aus, das tiefer ging. Ein Wort des Dalai Lama kam uns in den Sinn, das er uns mit auf die Reise gegeben hatte, zum Verständnis dessen, was wir in den buddhistischen Himalaya-Klöstern erleben würden: »Vergeßt nicht, daß das Hauptthema des Buddhismus die uneigennützige Geisteshaltung ist, die auf Liebe und heilender Hinwendung zu allen Lebewesen beruht.«

Wir werden aus unseren Gedanken gerissen, denn der Lama fährt fort: »Alle Wesen sind unsere Mütter. Im Kreislauf der Geburten sind wir einander alle schon einmal Vater und Mutter gewesen. Alle diese leidenden Kreaturen haben für Dich gesorgt, haben Dich gepflegt und gehütet, und Du hast für sie gesorgt und sie geliebt. Selbst wenn ein Mensch Dir jetzt als Gegner erscheint – er ist in Wahrheit Deine Mutter. Erkennt den großen Zusammenhang und liebt einander. Betet, daß Maitreya (der zukünftige Buddha, den man auf der Erde erwartet) kommt und den üblen Mächten Einhalt gebietet. Meditiert, und erfahrt selbst, was ich sage.«

Dhawa, unser tibetischer Begleiter und Übersetzer, war sichtlich ergriffen. Wir saßen noch lange still in der Nâropa-Grotte und lauschten den Wassertropfen, die zu Boden fielen. Die jungen Mönche kamen und brachten uns Tee mit Gebäck. Es waren heitere Leute.

Diese Begegnung ist typisch für viele ähnliche, die wir in den Himalaya-Klöstern hatten. Meditation bedeutet zuerst, die rechte Motivation zu entwickeln. Ohne diese Motivation, so sagen die Tibeter, sind alle Übungen sinnlos, vielleicht sogar schädlich. Sie besteht darin, den festen Entschluß zu fassen, erleuchtet zu werden, um allen anderen wirksam auf dem Weg beistehen zu können. Die Motivation zur Erleuchtung ist im tibetischen Buddhismus ganz und gar altruistisch! Dies nennt man *bodhicitta.*

Selbst einer, der wie ein Raufbold aussieht, hat in Tibet das »alle Wesen sind meine Mütter« beständig auf den Lippen, sagt der Dalai Lama. Es ist der Grund-Satz jedes Tibeters, der ihn anspornt, allen Lebewesen – das sind Tiere, Menschen, Geister usw. – mit Güte und Freundlichkeit zu begegnen. Hier liegt wohl die Wurzel für den erstaunlichen Frohsinn und die Herzlichkeit, die auch schon dem flüchtigen Besucher der tibetischen Dörfer, Klöster und Flüchtlingslager auffällt. Und das ist ein anderes Argument für den Glauben an die Wiedergeburt: er ermöglicht sittliche Motivation von innen. Dazu sagt der Dalai Lama[12]:

»Da die Kette der Wiedergeburten also notwendigerweise unendlich ist, hat jedes Wesen irgendwann einmal in derselben Beziehung zu uns gestanden wie unsere jetzige leibliche Mutter. Um sich in der Wiedererinnerung daran üben zu können, muß das Bewußtsein zuerst völlig zur Ruhe gelangen. Man beginnt damit, daß man sich darüber klar wird, daß wir die anderen in drei Kategorien einordnen – Freunde, Feinde und neutrale Wesen. Ihnen gegenüber haben wir drei verschiedene Einstellungen: Begierde, Haß und Gleichgültigkeit. Werden diese drei Einstellungen genährt, ist es unmöglich, eine

uneigennützige Haltung zu praktizieren. Darum müssen Begierde, Haß und Gleichgültigkeit neutralisiert werden.
Dazu verhilft das Nachdenken über Wiedergeburt. Da unsere Geburten anfangslos sind, sind sie auch unendlich. So ist es keineswegs sicher, daß unsere jetzigen Freunde in früheren Existenzen immer unsere Freunde waren. Selbst in diesem einen Leben sind einstige Gegner später zu Freunden geworden und umgekehrt ... Wenn man in dieser Richtung weiterdenkt und meditiert, wird die falsche Auffassung, daß Personen entweder Freunde oder Feinde sind, sowie das daraus resultierende Entstehen von Begierde und Haß, schwächer ... Betrachten Sie darum, wieviel Freundlichkeit Sie erfahren haben, als diese Wesen Ihre Eltern waren. Als Mutter und Vater, die gewöhnlich unsere besten Freunde sind, haben sie Sie einst mit ihrer Güte beschützt, gerade so wie es die Eltern in diesem Leben taten.«

Diese Güte empfängt man, um sie dann wieder auszustrahlen. Um dieses Strahlen so intensiv, unbedingt und selbstlos wie möglich zu gestalten, muß der Geist von seinen Verschmutzungen gereinigt werden. Dazu dient die Meditation. Wir werden jetzt zwei wichtige Stufen – meditative Stabilisierung und tiefe Einsicht – erläutern, die beide zum Vorbereitungsstadium (*prayoga mârga, sbyor lam)* gehören.

Shamatha – meditative Stabilisierung

Man muß zwischen den Meditationsmethoden, die auf den Sûtras, und denen, die auf den Tantras beruhen, unterscheiden. In Tibet werden beide geübt, wobei die tantrischen Methoden – Yoga der göttlichen Wesenheiten genannt – auf den Sûtra-Methoden aufbauen. Wir wollen uns zuerst mit den Sûtra-Methoden befassen, und hier wiederum mit der zweiten Stufe der Meditation über die Leere, der meistens als erste Stufe die analytische Reflexion über das Entstehen in gegenseitiger Abhängigkeit vorangeht.
Ziel der Meditation ist es, meditative Stabilisierung *(samâdhi, ting nge 'dzin)* zu erzeugen, die als Einheit von stetigem Ruhen des

Geistes in einem Punkt *(shamatha, zhi gnas)* und besonders tiefer Einsicht *(vipashyanâ,lhag mthong)* gilt. Auf die körperliche Haltung bei der Meditation wollen wir hier nicht eingehen, denn sie dürfte allgemein bekannt sein, zumal sie sich kaum von den im Yoga und für das Zazen empfohlenen Sitzweisen unterscheidet.

Zuerst also gilt unsere Aufmerksamkeit dem stetigen Ruhen des Geistes in einem Punkt. Es handelt sich dabei um die Entwicklung der Konzentrationskraft, die auf ein *inneres* Objekt gerichtet wird, wobei das Bewußtsein eine eigentümliche Biegsamkeit erlangt. Beobachtungsobjekt kann entweder das Wesen der Erscheinungen – die Leere – oder auch eine Vorstellung von irgendeinem konkreten Gegenstand oder Vorgang sein. Zunächst muß man das Beobachtungsobjekt klar erkennen. Weil das Bewußtsein beständig von einer oder mehreren der leidverursachenden Emotionen verdunkelt wird, soll man ein Beobachtungsobjekt wählen, das die jeweils vorherrschende Emotion neutralisiert. Wird man etwa fortlaufend durch Begierde nach körperlichem Vergnügen geplagt, soll man die Aufmerksamkeit auf die Vergänglichkeit des Leiblichen richten. Man stellt sich dann die einzelnen Teile des Körpers, das Skelett, den Kreislauf des Blutes usw. deutlich vor und betrachtet deren Vergänglichkeit. Ist das Bewußtsein von Ärger oder Haß getrübt, wird ein liebenswertes Meditationsobjekt vorgestellt. Das kann eine lächelnde Buddhafigur sein, für einen Nicht-Buddhisten ein entsprechendes anderes Symbol, oder auch ein konkretes menschliches Gesicht. Wird man von Zweifeln beunruhigt, meditiert man über das Entstehen in gegenseitiger Abhängigkeit, indem man sich zum Beispiel ganz plastisch eine Blume vorstellt und ihren Lebenskreislauf vor dem inneren Auge erstehen läßt.

Um das Bewußtsein fest auf jenen betreffenden Vorstellungsinhalt lenken zu können, müssen die Einzelheiten des Bildes oder der Vorstellung genau erkannt werden und bis ins kleinste Detail von Farbe und Form vergegenwärtigt werden können, damit die Vertrautheit mit dem Objekt wächst. Man stellt sich dann vor, das Objekt befände sich in Höhe der Augenbrauen etwa einen Meter entfernt, wobei das Objekt schwer sein soll, was unerwünschte Erregung verhindert, während die vorgestellte helle Leuchtkraft des Objektes Schlaffheit und Trägheit des Bewußtseins unterbindet. Je kleiner das Objekt ist, desto intensiver kann die Konzentration werden. Von dem ehrwürdigen Kalu Rinpoche in Darjeeling (s. Abb.) wurden wir in einigen Techniken unterwiesen. Er erklärte, daß der in Meditation Fortgeschrittene mehrere Objekte gleichzeitig vorstellen kann, etwa zwei leuchtende Kugeln vor den Augen, in einem gewissen Abstand voneinander, der sich während der Meditation nicht verändern darf. Hier die Konzentration zu bewahren, ohne daß die Aufmerksamkeit von der einen auf die andere Kugel überwechselt, ist schon schwieriger. Noch intensiver wird die Konzentration, wenn man zusätzlich zwei Kugeln hinter dem Kopf »sieht«, so daß sich der eigene Kopf gleichsam in der Mitte eines Vierecks von Kugeln befindet, so wie der mittlere Punkt der fünf Augen eines Würfels.

In jedem Falle werden bei der Meditation die Bewußtseinskräfte aus der Zerstreuung zurückgezogen. Das ist ähnlich wie im Schlaf, der nur eintreten kann, wenn sich das Bewußtsein auf sich selbst zurückzieht. Der Unterschied zwischen Schlaf (und schlafähnlichen Zuständen) und der meditativen Konzentration besteht aber vor allem darin, daß bei der Meditation das Zurückziehen der Bewußtseinskräfte von größter Klarheit und Wachheit des Bewußtseins begleitet ist, während im Schlaf die Achtsamkeit verloren geht.

Was immer man meditiert, zwei Eigenschaften des Bewußtseins sind wesentlich:

1. Das Bewußtsein muß größte Klarheit entwickeln, damit das Objekt ganz konkret vorgestellt und später auch innerlich gesehen werden kann.
2. Das Bewußtsein muß ohne Flackern auf dem Beobachtungsobjekt über einen längeren Zeitraum hinweg ruhen können. Dem steht die Erregbarkeit des Bewußtseins entgegen.

Laschheit tritt dann auf, wenn sich das Bewußtsein zu sehr entspannt hat, wenn man »döst«. Schläfrige Schwere kann Ursache für diesen Fehler sein. Oft wird Meditation auch mit einer falschen Art von Entspannung verwechselt, die ein Sich-gehen-lassen ist. Es kommt jedoch darauf an, ein Gleichgewicht zwischen Laschheit und Erre-

gung zu finden, in dem das Bewußtsein bei glasklarer Bewußtheit ruhen kann. Diesen Punkt kann man durch Übung ohne große Schwierigkeiten selbst herausfinden. Bei Laschheit muß man die Spannung des Bewußtseins erhöhen, bei Erregung muß man sie absenken. Die Erhöhung der Spannung gelingt dadurch, daß man an etwas Schönes denkt, eine helle Farbe, eine beeindruckende Landschaft, den Duft einer Blume, ein freundliches Gesicht. Die Absenkung der Spannung des Bewußtseins erreicht man, wenn man an etwas Ernüchterndes denkt, an einen leidvollen Zustand etwa. Erst wenn man die Mitte gefunden hat, kann das Bewußtsein konzentriert auf den einen Punkt der inneren Vorstellung gerichtet und *shamatha* praktiziert werden.

Interessant ist ein Hinweis, der uns oft von den Lamas gegeben wurde: Die Laschheit oder Schläfrigkeit des Bewußtseins ist nur *eine* Form von Trägheit. Eine andere Form der Trägheit ist, schlechten Gewohnheiten zu folgen – etwa den Begierden, die sich hartnäckig melden, nachzugeben (dem Drang nach der Zigarette). Durch die eben beschriebenen Übungen kann man diese Trägheiten überwinden. Die dritte Form der Trägheit aber ist das Minderwertigkeitsgefühl, mit dem wir uns einreden: »Ich werde das nie erreichen können.« Dieses falsche Gefühl der Inadäquatheit ist weit verbreitet, gerade auch bei Europäern und Amerikanern, die ihre Meditationspraxis mit Enthusiasmus beginnen, aber bald nachlassen, weil *Geduld* und Ausdauer fehlen, wobei anerzogene Minderwertigkeitskomplexe den Verfall der Anstrengung beschleunigen, bevor Früchte reifen können. Um dieser Gefahr zu entgehen, braucht man die Gemeinschaft mit dem Lehrer und den anderen, die sich auf dem Weg des Übens befinden. Dies ist der *Samgha*, die spirituelle Gemeinschaft. Ermutigung ist nötig, sie kommt durch den *Glauben (shraddhâ, dad pa)*, daß der Weg der Meditation sinnvoll und richtig ist. Der Glaube führt zum *Trachten (chanda, 'dun pa)* nach Erleuchtung, was Ausdauer bei der Anstrengung in der Übung *(vyâyâma, rtsol ba)* verleiht. Diese Anstrengung führt, wird sie richtig eingesetzt, nicht zu Verkrampfung und Verhärtung des Bewußtseins, sondern zu einer rezeptiven Biegsamkeit *(prasrabdhi, shin sbyangs)* des

Bewußtseins, ohne die ausdauernde Konzentration nicht möglich ist. Wir möchten diese Biegsamkeit durch einen Vergleich erläutern: Wer in sehr hohen Wellen schwimmt und sich dabei an einem treibenden Baumstamm festhält, muß biegsam in der Anwendung der Muskelkraft sein und auf Gegenbewegungen reagieren, um den Halt nicht zu verlieren. Starre Umklammerung des Holzes führt nicht nur zur Ermüdung, sondern läßt den Halt verlieren. Die in der Meditation erzeugte Biegsamkeit hat zum Ziel, daß man sich ohne jede Anstrengung auf jede konkrete Situation einstellen kann, so daß in angemessener Form Barmherzigkeit und Liebe praktiziert werden können.
Die Biegsamkeit des Bewußtseins ist Ursache für erhöhte körperliche Flexibilität, was wiederum Auswirkungen auf das gesamte psycho-somatische System hat und auch die Gleichmäßigkeit des Bewußtseinsstroms verstärkt. Dabei werden die Trägerenergien *(prâna, rlung)* des Bewußtseins harmonisiert und störende Faktoren neutralisiert. Resultat ist ein Zustand unangestrengter und gelassener Heiterkeit, der das gesamte physisch-psychisch-geistige Kontinuum durchdringt. Darin wird vollkommene Rezeptivität möglich, die durch keinerlei egozentrische Projektion mehr getrübt wird. So gelangt man in einen Zustand höchster Harmonie, was zu einem Gefühl der Seligkeit führt. Ist diese Seligkeit geistiger Biegsamkeit andauernd, ruht das Bewußtsein völlig in sich. Damit ist die erste Stufe der Vorbereitungen für die erste der vier Konzentrationsebenen erreicht – also noch lange keine Vollendung der Meditation erlangt!
Eine Bemerkung zum eben Gesagten ist noch wichtig. Während man das innerlich vorgestellte Objekt mit Achtsamkeit und größtmöglicher Konzentration betrachtet, muß man von Zeit zu Zeit feststellen, ob das Bewußtsein einer Form von Erregung oder Laschheit erlegen ist. Dies geschieht durch einen zusätzlichen introspektiven Bewußtseinsstrom *(samprajanya, shes bzhin)*, der die Konzentration beobachtet und beurteilt, ohne sie zu stören. Hat man darin einige Übung, kann man die Kräfte, die im Begriff sind, das Gleichgewicht zu stören, kurz vor ihrem Ausbruch fassen und das entsprechende Gegenmittel anwenden. Nur dann wird es gelingen, die Konzentration über lange Zeit stabil zu halten.

Man unterscheidet neun Stadien dieser Meditation des beständigen Ruhens des Geistes in einem Punkt. Die Unterscheidung hat mit der jeweils angewandten Bewußtseinskraft, aber auch mit der Wirkung der Meditation zu tun, die vor allem darin besteht, in zunehmendem Maße die leidverursachenden Emotionen, also das Ich-Gefühl, Ärger, Begierde und alle egozentrischen Motivationen zu neutralisieren.

Vipashyanâ – tiefe Einsicht

Dies ist die *dritte Stufe* der auf dem Sûtra-System basierenden Meditation. Es handelt sich um die Erlangung der tiefen Einsicht in die Leere *(shûnyatâ)* aller Erscheinungen mittels des logischen Denkens, aber nur auf der Basis der vorausgehenden meditativen Stabilisierung. Das geschieht so: Wenn man tiefe Konzentration auf einen Punkt – ein innerlich vorgestelltes Objekt – erreicht hat, wenn also *shamatha* stabilisiert ist, richtet man das Bewußtsein auf die Leere dieses Objektes. Man analysiert nun das Objekt im Zustand der äußersten Konzentration mittels der schon bekannten, von *Nâgârjuna* und *Dharmakîrti* entwickelten Logik. Meditative Intensität und logische Rationalität gehen hier Hand in Hand. Daran wird deutlich, daß buddhistische Meditation alles andere ist als Versinken in irrationale Unklarheit, sondern die Kombination der rationalen Bewußtseinskräfte mit einem durch Konzentration an Intensität erhöhten Bewußtsein (es sei hinzugefügt, daß dies in den chinesischen Ch'an- bzw. japanischen Zen-Schulen etwas anders ist). Die stabilisierende Meditation spitzt das Bewußtsein für die scharfen logischen Argumente zu, und die logische Analyse vertieft die Erkenntnis und leitet sie, zum Geistgrund – der Leere – vorzudringen. Daß Rationalität und Meditation einander nicht ausschließen, sondern einander gegenseitig intensivieren, ist nicht nur ein Lehrsatz, der scheinbar Unvereinbares harmonisieren möchte, sondern tägliche Praxis in den tibetischen Klöstern, die als solche im Bewußtsein der Mönche ist: Wir haben in den Jahren 1981-1983 diesbezüglich eine Befragung unter den Mönchen verschiedener

Klöster durchgeführt, und von siebzig Befragten gaben dreiundsechzig an, in ihrer Praxis würden Meditation und Rationalität als einander ergänzend empfunden, fünf wußten keine Antwort, einer meinte, man könnte dies nicht generell beantworten, während nur einer angab, beide schlössen einander aus.
Weil meditative Konzentration und analytisches Denken dem Anfänger nicht gleichzeitig gelingen, pendelt man zunächst zwischen beiden hin und her. Analyse tendiert zur Bewußtseinserregung, was die Konzentration abschwächt, und Konzentration auf einen Punkt erzeugt eine Stabilität des Bewußtseins, die sich der Analyse widersetzen will. Durch das Hin- und Herpendeln zwischen beiden Bewußtseinsformen entsteht aber allmählich eine Intensität, die es erlaubt, Bewußtseinsstabilität *direkt* aus der analytischen Meditation zu gewinnen, wenn nämlich die Leere des betreffenden Objektes – des vorher vorgestellten Buddhabildes, des Ich oder irgend eines anderen Gegenstandes – erfahren wird. Diskursive Analyse der Erscheinungen und meditative Konzentration des Bewußtseins wirken gleichwertig zusammen. Die Analyse vollzieht sich – im Gegensatz zum normalen Tagesbewußtsein – auf einem erhöhten energetischen Niveau des Bewußtseins, das durch die vorher geübte Konzentration willentlich herbeigeführt und auf hohem Niveau über lange Zeit stabilisiert gehalten werden kann. Die Einsicht in die Leere ist damit eine Weisheit, die auf der stabilisierenden Meditation und der Analyse beruht. Möglich ist diese Einheit der beiden scheinbar gegensätzlichen Bewußtseinskräfte durch die Biegsamkeit und Flexibilität *(prasrabdhi, shin sbyangs)*, die das Bewußtsein durch die meditative Stabilisierung erlernt hat, die also dann entsteht, wenn sich das Bewußtsein über längere Zeit hinweg im völligen Gleichgewicht der in ihm ablaufenden energetischen Bewegungen befindet, wie wir oben dargelegt hatten.
Jeffrey Hopkins sagt dazu treffend[12]:
»Anders als in Bewußtseinszuständen, die auf Hören und Denken beruhen, wobei das Objekt – die Leere – und das Subjekt – das weisheitssuchende Bewußtsein – voneinander getrennt erscheinen, als würden sie einander ausschließen, macht man jetzt die Erfah-

rung, das Beobachtungsobjekt zu durchbohren, ohne daß Subjekt und Objekt getrennt erscheinen oder einander ausschließen würden. Obwohl noch einige dualistische Erscheinungen zurückbleiben, ist der sehr grobe Dualismus von Subjekt und Objekt, den man sonst während des Hörens und Denkens verspürt, verschwunden.«

Die tibetischen Texte vergleichen das Verhältnis von Bewußtsein und seinem Objekt – der Leere – in diesem Zustand mit Wasser, das in Wasser gegossen wird.
Hat man diese Gleichzeitigkeit von meditativer Konzentration und Analyse erlernt, betritt man die *vierte Stufe* der Meditation über die Leere: das direkte Erkennen der Leere (was dem direkten Sehen, dem dritten der fünf Wege, entspricht). Der Meditierende *sieht* die Leere direkt, ohne jede begriffliche oder bildhafte Vermittlung. Spätestens auf dieser Stufe ist es nicht mehr möglich, die Erfahrungen des Bewußtseins sprachlich zu beschreiben, weil Sprache Dualität voraussetzt, die hier gänzlich aufgehoben ist. Die tibetischen Lamas können dennoch Anweisungen geben, wie man Schritt für Schritt diese direkte Erfahrung auf dem Weg der Bodhisattvaschaft entfaltet. Am wichtigsten sind dafür die Zehn Vollkommenheiten der Bodhisattvaschaft (uneigennütziges Geben, tugendhaftes Verhalten, Geduld, Tatkraft, Konzentration, Weisheit, Methode, Wunsch zur Überwindung aller Hindernisse, Kraftentfaltung, Höchste Weisheit), die nacheinander zur Vollkommenheit gebracht werden. Je tiefer der Bodhisattva in diese Bewußtseinsbereiche vordringt, desto intensiver kann er anderen Wesen bei der Überwindung des Leidens helfen.
Auf dieser Stufe des *direkten Erkennens* der Leere gibt es aber noch eine schwerwiegende Unvollkommenheit: man kann nicht in diesem Zustand bleiben, sondern kommt wieder zurück auf die Ebene des dualistischen Tagesbewußtseins, wo der Meditierende diese direkte Erfahrung der Leere wieder verliert. Versetzt er sich dann durch Meditation wieder auf die vierte Stufe, wird er erneut die Erfahrung der Leere machen können, aber die Vielfalt der Erscheinungen entschwindet dabei. Beides zusammen kann noch nicht vom Be-

wußtsein festgehalten werden, beide Aspekte scheinen einander zu widersprechen. Somit stellt der Meditierende *zwei Wahrheitsebenen* fest. Beide gelten in bezug auf ihre jeweilige Betrachtungsweise: die *absolute Wahrheit (paramârthasatya, don dam bden pa)*, die das letztgültige Wesen der Dinge, ihre Leere, erkennt, und die *relative Wahrheit (samvritisatya, kun rdzob bden pa)*, in der die Vielfalt der Erscheinungswelt erkannt wird. Diese Unterscheidung ist für die buddhistische Philosophie von zentraler Bedeutung. Es handelt sich um die zwei grundlegenden Betrachtungsweisen der Welt, die letztlich aber nur beide *zusammen* das Bild des Ganzen ausmachen. Die Gleichzeitigkeit oder das Ineinandersein dieser Aspekte wird erst auf den höchsten Vollendungsstufen erreicht, die vor allem – und zwar besonders schnell und erfolgreich – mittels der tantrischen Meditationstechniken angestrebt werden.

d) Tantrische Praxis

Tantra ist das Kontinuum in allen Erscheinungen der Wirklichkeit, das Bewußtseinskontinuum, das sich von der gewöhnlichen Person bis zum vollendeten Buddha erstreckt. Die fundamentale Ebene dieses Kontinuums ist der »Geist des Klaren Lichtes« (tib. *'od gsal*), den man in der Meditation und im Tod erfährt. Wenn sich der Mensch darauf vorbereitet, kann er dieses Licht im entscheidenden Moment bewußt wahrnehmen und wiedererkennen. Er kann gleichsam in dasselbe eintauchen und damit die Buddhaschaft erlangen.

In der tantrischen Praxis geht man von denselben Grundlagen aus und strebt dasselbe Ziel an wie in den nicht-tantrischen Mahâyâna-Schulen. Die Methode ist verschieden. Tantra gilt als der schnellere Weg, weil man hier von vornherein alle Meditationspraktiken mit einem Bewußtsein ausübt, das ein ungleich höheres Energieniveau hat als die Bewußtseinsformen des Tagesbewußtseins. Dieses erhöhte Energieniveau wird erzeugt durch Identifikation mit den göttlichen Wesenheiten *(deva, lha)*.

Obgleich Tantra als der schnellere Weg zum Ziel gilt, ist es nicht der einfachere. Wer glaubt, Tantra üben zu dürfen, weil er nicht die Geduld aufbringt, sich dem Stufenweg der oben beschriebenen Meditationspraktiken unterziehen zu können, irrt. Denn erstens sind *shamatha* und *vipashyanâ* Voraussetzungen für die erfolgreiche Übung des tantrischen Yoga – sie werden auch hier geübt, wenn auch mit Unterschieden im Detail –, und zweitens verlangt der tantrische Weg eine noch reinere und intensivere Motivation, die Erleuchtung zu erlangen um der anderen willen, sie nur deshalb schnell zu erlangen, weil man das Leiden der Lebewesen nicht länger ertragen kann. Um Tantra zu praktizieren, bedarf es noch größerer Liebe und heilender Hinwendung, als bei der gewöhnlichen Bodhisattva-Motivation ohnehin schon nötig ist.
Der tantrische Weg ist gefährlich, wenn die Motivation nicht lauter ist. Denn man benutzt hier Bewußtseinsenergien für die Meditation, die normalerweise mit den leidverursachenden Emotionen verbunden sind. Ein Bewußtsein, das Ärger entwickelt, setzt zweifellos eine immense innere Kraft frei. Diese »Ärger-Energie« entwickelt der Meditierende bewußt, um die entsprechende Bewußtseinskraft für die Meditation zu nutzen – ein paradoxer Vorgang, der wohl letztlich nur durch Praxis beurteilt werden kann. Man identifiziert sich auch mit zornvollen göttlichen Wesenheiten, und auf Grund der Identifikation werden die subtileren Bewußtseinsebenen geöffnet, bis man alle Bewußtseinskräfte auf den Grund – die Leere, die das Wesen des Klaren Lichtes ausmacht – richten kann. In gleicher Weise wird auch die Seligkeit des sexuellen Erlebens für die Bewußtseinsintensivierung benutzt, damit eben dieses Seligkeits-Bewußtsein viel intensivere Konzentration und intensivere Einsicht in die Leere gewinnen kann, als es dem Normalbewußtsein möglich ist. Wehe aber dem, der noch ich-verhaftet ist und an diese Übung mit egozentrischer Motivation herangeht! Er wird – so heißt es in den Texten – in einer der heißesten Höllen wiedergeboren werden. Aus diesem Grund sind die tantrischen Übungen mit Initiationen verbunden, die entsprechende Gelübde einschließen. Nur der reife Schüler darf den tantrischen Weg betreten, weshalb man die einzelnen Anweisungen

zur Übung jahrhundertelang geheim gehalten hat. Um Mißbrauch aber noch weiter auszuschließen, übt man meist nicht mit einem anwesenden Partner oder einer Partnerin, sondern mit einer visualisierten Gestalt, wobei ohnehin das innerlich Geschaute größere Bewußtseinsintensität erzeugt als das äußerlich Gesehene. So gibt es Tantriker, die entsprechend praktizieren, aber mit Sicherheit ist Mißbrauch nicht auszuschließen. Diese Übungen im einzelnen darzustellen, ist hier nicht der Ort, und dies würde auch unsere Kompetenz überschreiten.

Yoga der göttlichen Wesenheiten

Es gibt vier Tantraklassen, von denen uns hier nur die höchste beschäftigt, das Höchste Yoga Tantra *(anuttarayogatantra, bla med kyi rgyud)*, zu dem die *Guhyasamâja*-Literatur, das *Kâlacakra*-System, das *Hevajra*-Tantra und *Mahâmudrâ* gehören. Allen Tantrasystemen ist gemeinsam, daß man die Einheit von konkreter Gestalt und Leere (als letzter Wirklichkeit des Konkreten) wahrnimmt. Universalität und Individualität, Geistgrund und Manifestation in einer göttlichen Gestalt, Universalbewußtsein und Person sind hier keine Gegensätze, sondern Polaritäten, deren äußerst subtile Einheit in der ständigen Dynamik des geistigen Kontinuums erfahren wird. Das hat weitreichende weltanschauliche Konsequenzen, über die wir mit gelehrten Lamas wie Lati Rinpoche und Zong Rinpoche vom Gaden-Kloster immer wieder gesprochen haben. In Kürze: die personale Individuation hat auch im letztgültigen Zustand der Buddhaschaft ihre Bedeutung. Buddhaschaft ist zwar durch Nicht-Dualität ausgezeichnet, in der die Leere erscheint. Doch gleichzeitig erscheinen in dieser Leere die konventionellen Phänomene, d.h. es gibt Unterscheidung in der Nicht-Unterscheidung. Nur so ist ein Buddha befreit von allen Illusionen der Egozentrizität (inhärenter Existenz) und fähig zur völlig uneigennützigen Liebe zu allen Wesen.

Wie wir schon sagten, spielt im tantrischen Buddhismus der Aspekt des Leiblichen, das der Verwandlung in geistige Formung bedarf und gleichzeitig zu dieser Verwandlung benutzt wird, eine entscheidende Rolle. Nichts ist »schlecht«, es sei denn, unsere eigenen Bewußtseinsverunreinigungen projizieren diese Schlechtigkeit auf die Dinge. In diesem Zusammenhang zitiert der Dalai Lama einen Spruch aus dem *Kâshyapaparivartasûtra*: So wie der Abfall der Städter vom Bauern, der Zuckerrohr anbaut, als Dung benutzt werden kann, so können selbst die Verunreinigungen des Bewußtseins als Dung für das Geistestraining des Bodhisattva dienen, der nach den Qualitäten eines Buddha strebt.

Das einzigartige Charakteristikum der Tantra-Praxis ist der schon erwähnte Yoga der göttlichen Wesenheiten. Es handelt sich um eine meditative Identifikation mit subtil-körperlichen Erscheinungen, die im Bewußtseinskontinuum auftreten bzw. durch gezielte Projektion aus tieferen Bewußtseinsschichten zur Anschauung gebracht werden. Sie entsprechen den Form-Qualitäten eines Buddha. Je intensiver diese Identifikation in äußerster Konzentration des Bewußtseins gelingt, um so schneller werden die eigenen Qualitäten in die des Form-Körpers eines Buddha transformiert. Es entsteht ein »spiralförmiges Feedback«, durch das die Meditationsmethoden des stetigen Ruhens des Geistes in einem Punkt und der tiefen Einsicht auf einem ständig höheren Niveau ausgeübt werden können: der Meditierende visualisiert eine göttliche Wesenheit, bis sie in allen Details vor dem inneren Auge steht, identifiziert sich mit ihr und benutzt jetzt das Bewußtseinsniveau dieser göttlichen Wesenheit für die Übung von *shamatha* und *vipashyanâ*, wobei er mit diesem energetisch erhöhten Bewußtsein eine noch subtilere Wesenheit vorstellen kann, die eine noch tiefere Einsicht in den Bewußtseinsgrund erlaubt. Es ist eine »Kettenreaktion« von Bewußtseinsintensitäten, wobei die äußerst lebhafte Erscheinung der göttlichen Wesenheit und die Einsicht in ihre Leere Hand in Hand gehen. Es ist ein und dasselbe Bewußtsein, das die Identifikation mit der göttlichen Wesenheit und die Einsicht in die Leere vollzieht, oder anders ausgedrückt, es ist *ein* Bewußtsein, das die ganz konkrete subtile Manifestation des Geistigen und den dieser Manifestation transzendenten Geistgrund *gleichzeitig* schaut.

Im Yoga der göttlichen Wesenheiten arbeitet man mit Formen,

Farben und Klängen bis ins kleinste Detail. Zuerst visualisiert der Tantriker die normale Umgebung, in der er sitzt, als Buddha-Feld oder als Palast der zu meditierenden Wesenheit (skt. *mandala*). Danach visualisiert er alle Freuden (wie Speise und Trank) als Genüsse der Gottheit und bringt sie ihr als Opfer dar. Und schließlich werden die eigenen Handlungen als Handlungen der göttlichen Wesenheit und der eigene Körper als Körper des göttlichen Wesens visualisiert. Der zukünftige Zustand der Buddhaschaft wird also in meditativer Konzentration vorweggenommen, was eine gewaltige Bewußtseinsintensität erzeugt, die für die *gleichzeitige* Meditation über die Form (Körper) der göttlichen Wesenheit und ihre Leere benutzt wird. Das ist das eigentliche Spezifikum von Tantra.

Mandalas sind dreidimensionale kreisförmige Konstruktionen oder zweidimensionale Bilder, die Diagramme von Ebenen und Zuordnungen dieser in tieferen Bewußtseinsebenen residierenden Symbole sind. Dabei spielt die Farbsymbolik eine entscheidende Rolle. Farben und Formen sind nicht zufällig. Klänge sind als *Mantras* diesen Bewußtseinsebenen zugeordnet, denn Bewußtsein ist Energie, und Energie ist Schwingung, die sich auch als Klang (oder Farbe) manifestiert. Bestimmten Bewußtseinsstufen entsprechen also bestimmte (Farb)Klänge, und jene können durch diese induziert werden. Mantras sind also keine »Zauberformeln« – wie leider immer wieder fälschlich behauptet wird[14] –, sondern sie sind Aspekte von Kosmo-Psychogrammen, die im Zusammenhang mit den Mandalas als Landkarten für die tieferen Bewußtseinsschichten bezeichnet werden können. Das Bewußtsein ist nicht statisch, und die subtilen Ebenen sind über Jahrtausende von Bewußtseinsentwicklung geformt worden. Archetypische Bilder sind entstanden als Engramme, die auch mit der kulturellen und religiösen Entwicklung jener Kulturen zu tun haben. Sie sind daher nicht einfach austauschbar und bleiben vermutlich in einem gewissen Sinn teilweise auf einen bestimmten Kulturkreis beschränkt, während die subtilsten Symbole und geistigen Formen aber wahrscheinlich transkulturell gleich sind. Hier wissen wir – trotz der Forschungen seit C.G. Jung – noch zu wenig, um urteilen zu können.

Um wenigstens eine Grundvorstellung dieses subtilen Systems zu erlangen, ist es hilfreich, die Lehre von den drei oder auch vier Körpern eines Buddha zu erörtern, die sich bereits im mittleren Mahâyâna herausgebildet hat und im tantrischen Buddhismus Tibets voll ausgeprägt ist. Danach ist die grundlegende Wirklichkeit jenes Geistkontinuum, dessen Basis – wie wir schon mehrmals sagten – der Geist des Klaren Lichtes ist[15]. Dieser Geist manifestiert sich auf unzähligen Wirklichkeitsebenen, und unsere Erfahrungen im Tiefschlaf, Traum und Wachbewußtsein sind nur weniger subtile Formen desselben. In den subtilen Bereichen sind die göttlichen Wesenheiten oder »Gottheiten« angesiedelt.

Sie können als Konzentration von Bewußtsein im subtilen Bereich bezeichnet werden, wobei es hier aber auch wieder viele Ebenen gibt. Die Grundebene, der Geist des Klaren Lichtes, ist der »Ort« der vollendeten Geist-Wesenheit, der Buddhas. Ihr geistiges Kontinuum besteht in völliger Nicht-Dualität, im reinen So-Sein der Wirklichkeit, ohne Unterschiede und limitierende Bestimmungen. Von diesen subtilen Ebenen aus wirken sie in die weniger subtilen Wirklichkeitsbereiche hinein, in denen sich auch die Menschen mit ihrem dualistischen rationalen Bewußtsein bewegen. In völliger Freiheit emanieren sie aus sich heraus geistige Wesenheiten mit »feinstofflichen« Körpern: die zahllosen Schutz- und Hilfsgottheiten des tibetischen Pantheons, die man in gewisser Weise mit Engelwesen vergleichen kann. Sie erscheinen in meditativen Zuständen, und der Meditierende identifiziert sich mit ihnen, wenn er sein Bewußtsein sozusagen auf die Bewußtseinsebene »eingestellt« hat, auf der die betreffende göttliche Wesenheit erscheint. Sie sind also Manifestationen des Bewußtseinskontinuums *(citta, sems)* und der energetischen Grundkräfte *(prâna, rlung)*, die im Bewußtseinskontinuum auftreten. Solche geistig-feinstofflichen Körper können überall und zu allen Zeiten konkrete menschliche Gestalt annehmen: dies sind die sichtbaren Buddhas oder auch Bodhisattvas, von denen *Buddha Shâkyamuni* der letzte war, während man *Maitreya* (von skt. *maitrî:* »Liebe«) erwartet. Diese inkarnierten Gestalten sind nichts anderes als weniger subtile Formen der geistigen Wesenheiten im feinstofflichen Bereich. Den letztgültigen Wahrheits-Körper nennt man *dharmakâya* (tib. *chos sku*), der gelegentlich noch unterteilt wird in Weisheits-Wahrheits-Körper *(jñânadharmakâya, ye shes chos sku)* und Wesens-Wahrheits-Körper *(svabhâvikakâya, ngo bo nyid sku)*, um den Unterschied zwischen durchgereifter und naturhafter Vollendung anzudeuten. Der Weisheitskörper ist sozusagen das allwissende Bewußtsein eines Buddha, das alle Erscheinungen und ihre Leere gleichzeitig erkennt. Der Seligkeits-Emanationskörper im feinstofflichen Bereich heißt *sambhogakâya* (tib. *longs sku*). Er wird angesiedelt im »Höchsten Reinen Land«, um von dort aus die vollkommene heilende Hinwendung und Liebe in die Welt zu strahlen. Er kann sich in vielen Formen als grobstofflicher Manifestationskörper *(nirmânakâya, sprul sku)*, d.h. als Mensch, äußern. Die Strahlungen der Buddhas, Bodhisattvas und göttlichen Wesenheiten überschütten in unzähligen Formen die niederen Daseinsbereiche – insbesondere den Bereich der Begierde, der aufgeteilt ist in die Bereiche der niederen göttlichen Wesen, der halbgöttlichen Wesen, der Menschen, der Tiere, der Hungergeister und der Höllenwesen – um das Leiden zu mildern und zu überwinden. Ob ein Lebewesen diese Strahlungen wahrnimmt oder nicht, hängt an seiner Rezeptivität, die zwar von den karmischen Voraussetzungen mitbedingt wird, aber doch durch freie Entscheidung intensiviert werden kann.

Identifikation

Die Praxis des Höchsten Yoga Tantra teilt man in zwei Stadien ein: das Erzeugungsstadium (tib. *bskyed rim*) und das Vollendungsstadium (tib. *rdzogs rim*). Im Erzeugungsstadium visualisiert der Meditierende zuerst das vorgegebene göttliche Wesen vor dem inneren Auge, woraufhin er sich mit dieser Wesenheit identifiziert und nun selbst dieses göttliche Wesen *ist*. Im Vollendungsstadium benutzt er die Kräfte dieser geistigen Ebene (das Bewußtsein der göttlichen Wesenheit), um die noch subtileren Bewußtseinsebenen und ihre Leere zu erkennen.

Es gibt sehr viele dieser Meditationsgottheiten: Kâlacakra, Guhyasamâja, Vajrayoginî, um nur einige der bedeutendsten zu nennen. Ein erfahrener Meditationsmeister weiß die dem Schüler entsprechende Form auszuwählen.
Im Erzeugungsstadium[16] nähert sich der Meditierende zunächst an die Bewußtseinsform an, die als göttliches Wesen (durch ein Bild, eine Statue, ein Mandala) zuerst äußerlich vorgestellt wird.
Er identifiziert sich selbst in allen Details mit dieser göttlichen Wesenheit, bis er zu ihr wird. Dies beruht auf uralter indischer Meditationserfahrung, daß man zu dem wird, was man mit aller Intensität meditiert, wie es in den *Upanishaden* heißt. Danach aber wird die göttliche Wesenheit wieder nach außen projiziert, damit sie verehrt und angebetet werden kann. Die göttliche Wesenheit soll sogar auch in ein äußerliches Ding (z.B. einen Opferkuchen aus Butter und Mehl, tib. *gtor ma*) transferiert werden können, damit sie im physischen Universum zu wirken vermag. Wie dem auch sei, man meditiert nun über die Leere dieses göttlichen Wesens. Mit dieser Bewußtseinshaltung ehrt man es erneut, bringt Blumenopfer dar, spricht Gebete, beichtet und nimmt Zuflucht. Danach meditiert man sich selbst als das göttliche Wesen und identifiziert sich ganz und gar. Durch diesen Vorgang der geistigen Projektion und späteren Identifikation wird das Bewußtsein tatsächlich auf die entsprechende Ebene versetzt. Man wendet dabei Atemtechniken an, die der Introspektion und Konzentration förderlich sind. Da zu jeder dieser göttlichen Wesenheiten bestimmte Mantras und die Formen ihrer Silben gehören, werden auch diese Aspekte für die meditative Identifikation benutzt. Zuerst beobachtet man die Formen der mantrischen Silben (OM, HUM usw.) im Herzen der göttlichen Wesenheit stehend, die vor dem inneren Auge des Meditierenden anwesend ist. Danach verschmilzt diese Form mit dem eigenen Herzen, und schließlich wird nur noch der Klang des Mantra im eigenen Herzen beobachtet.
Hat man ein sehr subtiles Bewußtsein erreicht, wird nun mit dem Ziel weiter geübt, die subtilen Bewußtseinskräfte und ihre Trägerenergien im Zentralkanal *(sushumna, rtsa dbu ma)* und in den

jeweiligen Cakras zu konzentrieren. Auf diese Weise erreicht man schließlich den subtilsten Geistgrund, wobei sich letztlich diese subtilen Bewußtseinskräfte und ihre Trägerenergien in den Geist und Körper eines Buddha verwandeln. Damit sind die Verunreinigungen beseitigt, und die gereinigten Bewußtseinskräfte sowie die Aggregate erscheinen in Form der Buddhas der Fünf Linien: Akshobhya, Ratnasambhava, Amitâbha, Amoghasiddhi und Vairocana. Sie repräsentieren die gereinigten Aspekte der Wirklichkeit (und damit die Überwindung einer je spezifischen Verunreinigung), weshalb sie auch zu den Elementen Wasser, Erde, Feuer, Luft und Raum sowie zu den Cakras in Beziehung gesetzt werden. Diese Entsprechungen schaffen eine so verblüffende Klarheit aller Aspekte der tibetischen Philosophie und Anthropologie, ja, sie bauen ein übersichtliches System auf, das in seiner Ordnung Schönheit erkennen läßt. Die Ordnung der Welt, die eine geistige ist, kommt darin zum Ausdruck. Die Komplexität der einzelnen Meditationsmethoden im Vollendungsstadium des Höchsten Yoga Tantra zu beschreiben, ist hier nicht möglich[17].

Die göttlichen Wesenheiten erscheinen auf zweierlei Weise: friedvoll und zornvoll. Die zornvollen sind oft als so schreckliche Erscheinungen dargestellt, daß einige Erklärungen notwendig sind. Einerseits wehren sie in dieser Form den negativen Kräften, die sie mit in der Ikonographie genau festgelegten Waffen und Symbol-Attributen bezwingen. Andererseits aber werden, wie wir bereits gesehen hatten, die zornvollen Zustände des Bewußtseins für die tantrische Praxis nutzbar gemacht, weil sie eine hohe Bewußtseinsenergie enthalten. Nicht nur, um den Menschen zu erschrecken und so vielleicht auf einen tugendhaften Pfad zu bringen, sondern um dieser tantrischen Praxis der Integration des »Negativen« willen identifiziert sich der Meditierende mit den zornvollen göttlichen Wesenheiten. Ohnehin sind das Negative und das Positive, das Schreckliche und das Schöne, das Zornvolle und das Friedvolle Aspekte oder Polaritäten des einen Lebensgrundes. Werden und Vergehen, Leben und Sterben bedingen einander. So sind die zornvollen göttlichen Wesenheiten in ihrer zerstörerischen Kraft auch

Symbole der Wandlung und Lebensveränderung. Religionsgeschichtlich gesehen finden wir in den zornvollen Gottheiten die alten vorbuddhistischen Geister und Numina wieder, die der Buddhismus (unter Korrekturen wie etwa dem Verbot des Blutopfers) aufnehmen und integrieren konnte, damit sie nun als Beschützer des neuen Glaubens dienen sollten. Die »Domestizierung« dieser Geister oder Kräfte wird *Padmasambhava* zugeschrieben. Es handelt sich aber um einen jahrhundertelangen Assimilationsprozeß, der eigentlich auch heute noch andauert.

Der Sterbeprozeß

Das in Europa bekannteste Dokument tibetischer Literatur ist wahrscheinlich das sogenannte »Totenbuch« (tib. *bar do thos grol*, gesprochen: Bardo Thödol), das aber weder ein Buch für die Toten noch über die Toten ist, sondern treffender als »Buch der spontanen Befreiung vom Zwischenzustand« (Lama Anagarika Govinda) bezeichnet werden kann.

Es gibt unterschiedliche Lehrsysteme, die geringfügige Differenzen in der Bezeichnung der Lebenszustände (*bar do*) aufweisen. Wir stützen uns im folgenden weitgehend auf die mündlichen Belehrungen durch Kalu Rinpoche, die wir bei unserem Besuch in seinem Kloster in Darjeeling 1983 empfangen haben[18]. Man unterscheidet gewöhnlich sechs Bardos, die als Phasen der Bewußtseinsentwicklung verstanden werden: 1. den *Bardo zwischen Geburt und Tod (skye shi'i*, gesprochen: scheshi), in dem das normale Tagesbewußtsein denkt, sowie sich an bestimmte Bewußtseinseindrücke erinnern kann, meditiert, visualisiert usw., 2. den *Bardo des Traumes (rmi lam*, gespr.: milam), in dem Projektionen auftreten, deren Inhalte aus dem Tagesbewußtsein stammen, deren Zuordnung aber nach strukturellen Gesetzen geschieht, die aus den Tiefenschichten des Bewußtseins stammen – auch im Traum kann das Bewußtsein willentlich gelenkt werden, und diese Übung heißt Traum-Yoga, 3. den *Bardo der tieferen Meditation (bsam gtan*, gespr.: samten), in dem das Bewußtsein ohne Anhaften meditative Stabilität und Durchlässigkeit aufweist, die ihm zu intensiverer Wahrnehmung als im Sche-shi-Bardo verhilft, 4. den *Bardo des Sterbens und des Todes (chos nyid*, gespr.: chönyi), 5. den *Bardo des Wiedererwachens im Zwischenzustand (srid pa*, gespr.: sipa), 6. den *Bardo der Wiedergeburt (skye gnas*, gespr.: schene).

Für das »Totenbuch« sind die letzten drei Bardos besonders wichtig. Im *Bardo des Sterbens und des Todes*, der meist drei oder dreieinhalb Tage dauert, wird das Bewußtsein allmählich von den körperlichen Funktionen abgelöst. Dies ist der Prozeß des Sterbens, dessen acht Phasen wir unten noch ausführlicher darstellen werden. Allgemein ist zu sagen, daß bei diesem Prozeß das Bewußtsein unwillkürlich in die tieferen Schichten seiner eigenen Natur sinkt. Dabei treten Visionen auf, die dem Farbspektrum entsprechen, wobei – wie immer im tantrischen Buddhismus – eine Analogie von makrokosmischen Elementen/Formen und mikrokosmischen bzw. bewußtseinsmäßigen Wahrnehmungen hergestellt wird: blaue Farben entsprechen dem Raum, rote dem Feuer, gelbe der Erde, grüne dem Wind und weiße dem Wasser. Wenn wir bedenken, daß Farben Schwingungen sind und auch die unterschiedlichen Strukturen des Materiellen durch verschiedene Ordnungsprinzipien (Dichte, Geschwindigkeit der Teilchen usw.) aus prinzipiell denselben substantiellen Grundlagen entstehen, ist diese Analogie nicht verwunderlich. Die einzelnen Elemente des Materiellen bzw. die Farbvisionen entsprechen folgerichtig spezifischen Potentialen des Bewußtseins:

- Der Raum (blau) entspricht der Grenzenlosigkeit des Bewußtseinskontinuums, weil das Bewußtsein nicht räumlich begrenzt und in sich selbst *leer* ist, insofern es alles in sich aufnehmen kann und erst dadurch »strukturiert« wird.
- Das Feuer (rot) entspricht dem Potential des Bewußtseins, alles *wahrnehmen* und in sich nach eigenen Ordnungsprinzipien umformen zu können.
- Die Erde (gelb) entspricht der Fähigkeit, *Erfahrungen* zu erzeugen, die bedingt sind durch karmisch gesteuerte Eindrücke, wobei

man sagt, daß Erfahrungen im Bewußtsein verwurzelt sind wie die Pflanzen in der Erde. (Auf die unbedingte Erfahrung der Befreiung, das Nirvâna, kommen wir noch zu sprechen.)

- Der Wind (grün) entspricht der Eigenschaft des Bewußtseins, ständig in Bewegung und dynamisch zu sein, denn keine Erfahrung hat Dauer.
- Das Wasser (weiß) entspricht dem Charakter des Bewußtseins, sich an jede Form, Erscheinung und Objekte anpassen zu können. Wie das fließende Wasser die Gestalt des Flußbetts annimmt, so ist das Bewußtsein biegsam und erhält, da es selbst leer ist, seine Gestalt erst durch die Bewußtseinsinhalte.

Im Verlaufe dieses vierten Bardo, des Bardo des Sterbens, gelangt das Bewußtsein an einen Scheidepunkt, der von Menschen (die während ihres Lebens mit dem »Totenbuch« geübt haben oder nicht) verschieden erlebt wird:
Ein durch *Unwissenheit* verunreinigtes Bewußtsein fällt, verursacht durch das Trauma des Todes, in eine Bewußtlosigkeit, die länger anhält, während ein Wissender nach kurzer Bewußtlosigkeit in ruhiger Bewußtheit verharren kann und erstmals ein »Aufschimmern« der grundlegenderen Bewußtseinsebenen wahrnimmt. Damit ist aber schon der Übergang zum fünften Bardo des *Wiedererwachens* markiert. Er tritt gewöhnlich 49 Tage nach dem Tod ein, wobei es während dieser Zeit nach jeweils sieben Tagen zu einem »kleinen« Sterben und Tod (tib.*chos nyid*) kommt. Das Wiedererwachen kommt dadurch zustande, daß sich die diffusen Bewußtseinsenergien zu Lichtbündeln (tib. *thig le*) sammeln und zu Wahrnehmungen verdichten, die nach dem Ordnungsprinzip der formativen Kraft karmischer Eindrücke gestaltet werden. Die Qualität dieser Energiekonzentrationen entspricht dem Charakter der *cakras* (Energiekonzentrationen) entlang der Wirbelsäule, die man während des Lebens in der Meditation oder gelegentlich auch spontan wahrnehmen kann. Man hat also in diesem Stadium dualistische Erfahrungen der eigenen Bewußtseinspotentiale, und diese können friedvoll und hell wie das Sonnenlicht sein, oder auch dunkel, zornvoll und bedrohlich. Im ersten Fall hat man Visionen der friedvollen, im zweiten Fall der

zornvollen Gottheiten. Diese Visionen lösen erneut Bewußtseinsreaktionen aus, die in dualistischer Weise von Annahme oder Abwehr bestimmt sind, d.h. das Bewußtsein verstrickt sich erneut in die Unterscheidung von »Ich« und »Dinge«, »angenehm« und »unangenehm«, und wird entsprechend seinen karmischen Prädispositionen angezogen von materiellen Strahlungen aus niedrigeren Bereichen, so daß es nun im sechsten *Bardo der Wiedergeburt* wiedergeboren wird. Das bedeutet, daß sich aus dem Bewußtsein mit den fünf Eigenschaften ein Körper entwickelt aufgrund der selbständig reifenden karmischen Prädispositionen. Der (wiedergeborene) Körper ist also eine (scheinbar) feste, konkrete Projektion des Bewußtseins. Die Art der Wiedergeburt entspricht den karmischen Dispositionen, d.h. sie erfolgt in einem der sechs Daseinsbereiche, die das tibetische Lebensrad (*bhavacakra*) anschaulich schildert: Bereich der göttlichen Wesen (*devas*), Bereich der Dämonen (*asuras*), Bereich der Menschen, Bereich der Tiere, Bereich der Hungergeister (*pretas*), Bereich der Höllenwesen. Das Bewußtsein »sucht« sich den Bereich, in dem es seine unerfüllten karmischen Potentiale ausleben kann – dabei ist der Bereich der *devas* durch zeitlich begrenzten Genuß gekennzeichnet, der Bereich der *asuras* durch Neid auf die »Götter«, der Bereich der Tiere durch Unfreiheit, der Bereich der *pretas* durch unstillbare Gier, der Bereich der Höllenwesen durch Qualen, die von Haß und Gewalt gegenüber anderen Lebewesen ausgelöst worden sind. Der Bereich der Menschen ist ambivalent: Einerseits ist er durch Verblendung (*avidyâ, moha*) gekennzeichnet, andererseits besteht aber hier, und nur hier, die *Freiheit*, alle Verstrickungen zu überwinden und zur Erkenntnis bzw. Weisheit (*prajñâ*) und damit zur unbedingten Befreiung im *nirvâna* zu gelangen.

Wenn aber während des Sterbeprozesses ein *wissendes Bewußtsein* erkennt, daß alle Erscheinungen nur Projektionen des fundamentalen Bewußtseinskontinuums sind, eben der fünf Potentiale, die wir oben beschrieben haben, so verbleibt es in der vollkommenen Einheit von Erkennendem und Erkanntem, verstrickt sich nicht in erneute dualistische Reaktionen und kann letztendlich den Geist des

Klaren Lichtes (tib. *'od gsal*) und das Wesen der Wirklichkeit (skt. *dharmatâ*) schauen, d.h. in die letztgültige Vollendung eingehen.
Wir wollen die einzelnen Phasen des Sterbeprozesses nun noch genauer beschreiben, müssen aber zunächst die Frage stellen, woher die tibetische Tradition die Gewißheit nimmt, über diese komplexen Zusammenhänge Auskunft geben zu können. Die Antwort darauf lautet:
Die tibetischen Lehren über das Sterben beruhen auf der Beobachtung, daß in den tieferen Zuständen der Meditation die gleichen Prozesse ablaufen wie im Sterben, nämlich die sukzessive Ablösung des subtilen Körpers vom materiellen Körper, wobei sich am Schluß die Trägerenergien und Bewußtseinskräfte der subtilen Geistebenen dergestalt auflösen, daß sie an einem Punkt (im Herzen) konzentriert werden, was die Schauung des Klaren Lichtes auslöst. Der Tod ist also die Trennung des Bewußtseins vom grobstofflichen Körper, während die äußerst subtile Ebene des Körperlichen – die Trägerenergie *(prâna, rlung)* – mit der subtilsten Ebene des Geistigen verbunden bleibt. Danach verweilt der Mensch – je nach individuellen Voraussetzungen verschieden, am längsten neunundvierzig Tage – in dem Zwischenzustand *(antarâbhava, bar do)*, bis der zum Sterben umgekehrte Prozeß abläuft und sukzessive eine Neuverbindung mit den weniger subtilen Wirklichkeitsebenen eintritt, der Mensch also wiedergeboren ist.
Wer in der Meditation diese Stadien kennengelernt und ihre Kontrolle durch aufmerksame Lenkung der Bewußtseinskräfte in dem jeweiligen Stadium geübt hat, kann den gesamten Sterbeprozeß mit bewußter Klarheit vorweg erleben, so daß alles Sich-Klammern an zerfließende Formen aufhört, was dann im Sterbeprozeß äußerst wichtig ist. Denn das Festhaltenwollen und nicht -können erzeugt Angst. Diese Angst prägt sich in das Bewußtseinskontinuum ein und läßt bestimmte Phänomene während des Sterbens als schreckliche Wesenheiten erscheinen, wodurch die Angst noch vermehrt wird. Statt sich nach dem Licht auszustrecken, verkrampft sich das Bewußtsein des Sterbenden und wendet sich zurück zu den ihm bekannten leidverursachenden Bewußtseinskräften, was karmische

Wirkungen hervorruft, die eine ungünstige Ausgangsbasis für die nächste Wiedergeburt schaffen. Die unmittelbare Periode vor dem Sterben und die Zeit während des Sterbeprozesses verdienen größte Aufmerksamkeit, weil hier Weichen für die künftige geistige Weiterentwicklung gestellt werden. Aus diesem Grund legen die Tibeter Wert darauf, die äußeren Umstände des Sterbens harmonisch und friedvoll zu gestalten. Ein Lama steht dem Sterbenden bei, indem er die entsprechenden Texte aus dem »Totenbuch« liest, damit der sterbende Mensch wiedererkennen kann, was er im Prozeß der Auflösung erlebt. Dies ist aber nur sinnvoll, wenn er zu Lebzeiten an Hand des »Totenbuchs« geübt und womöglich die einzelnen Phasen des Sterbeprozesses in der Meditation bereits erlebt hat.

Wir hatten bereits von dem System der Energiekanäle, der Trägerenergien der Bewußtseinskräfte und der Kraftkonzentrationen (Tropfen) gesprochen. Von den zweiundsiebzigtausend verzweigten Kanälen, die sich über den gesamten Körper ausdehnen, ist der Zentralkanal *(sushumnâ, rtsa dbu ma)*, der entlang der Wirbelsäule verläuft, besonders wichtig. In ihn werden nämlich im Sterben die prânischen Kräfte zurückgezogen, sie werden aus der Zerstreuung über den Körper »eingesammelt«. Dabei wird den Gliedern und Organen die Lebenskraft entzogen. Die prânischen Kräfte bündeln sich sodann zu einer Energiesäule, die sich im Zentralkanal entlang der Cakras entweder von oben nach unten oder von unten nach oben bewegt. Dies wird vom Sterbenden – oder auch vom Meditierenden – zunächst als Konzentration der inneren Wärme empfunden. Das Zentrum dieser Wärme ist das *manipûra cakra* in der Gegend unterhalb des Nabels, dessen Aktivierung in der sogenannten Dummo-Meditation der inneren Hitze (tib. *gtum mo*) geübt wird, damit die Energiekonzentration erzeugt wird, die für das Sammeln der *prânas* im Zentralkanal unerläßlich ist. Bewegt sich beim Sterben die Wärme aufwärts, gilt dies als gutes Zeichen, sinkt sie abwärts, so ist das weniger vorteilhaft.

Man unterscheidet bei den vitalen oder Träger-Energien fünf Haupt-energien und fünf Nebenenergien[19]. Jede dieser Energien ist bestimmt durch ihre Funktion, die einem der Grundelemente entspricht. Sie ist jeweils in einem bestimmten Cakra konzentriert und durch Meditation aktiviert. Die Cakras sind durch Farbsymbole gekennzeichnet. Die gereinigte subtilste Form dieser Energien wird einer der Buddha-Linien zugeordnet, die den jeweiligen Wirklichkeitsaspekt im feinstofflichen Bereich symbolisieren.

1. Die *lebenserhaltende Energie* hat ihren Sitz im Herzzentrum und entspricht dem Wasserelement. Sie fließt, von beiden Nasenlöchern ausgehend, sehr langsam nach unten. Sie wird in gereinigter Form als *Akshobhya*-Buddha-Linie durch die weiße Farbe bezeichnet, was dem höchsten der Aggregate, dem *vijñâna-skandha* der reinen Bewußtseinskräfte, entspricht. Die Reinigung überwindet die Unwissenheit.

2. Die *abwärts sich verströmende Energie* hat ihren Sitz in den Cakras an der Basis der Wirbelsäule und im Genitalbereich und entspricht dem Erd-Element. Sie fließt, von beiden Nasenlöchern ausgehend, kraftvoll horizontal nach vorn. Ihre besondere Aufgabe hängt mit den Vorgängen der körperlichen Ausscheidungen sowie dem Blutkreislauf und der Regulation der geschlechtlichen Kräfte zusammen. Sie wird in gereinigter Form als *Ratnasambhava*-Buddha-Linie durch die gelbe Farbe bezeichnet, was dem Aggregat der Empfindungen und Gefühle, *vedanâ-skandha*, entspricht. Die Reinigung überwindet den Stolz.

3. Die *aufwärtsstrebende Energie* hat ihren Sitz im Kehlkopfzentrum und entspricht dem Feuer-Element. Sie fließt, vom rechten Nasenloch ausgehend, sehr kräftig nach oben. Sie dient als Grundenergie für das Sprechen, Schlucken usw. Sie wird in gereinigter Form als *Amitâbha*-Buddha-Linie durch die rote Farbe bezeichnet, was dem Aggregat der unterscheidenden Wahrnehmungen und Vorstellungen, *samjñâ-skandha*, entspricht. Die Reinigung überwindet die Gier.

4. Die *gleichmäßig bleibende Energie* hat ihren Sitz im Nabelzentrum und entspricht dem Luft-Element. Sie fließt, vom linken Nasenloch ausgehend, nach links und rechts. Sie dient der Erzeugung der schon erwähnten inneren Hitze und ist Basis für die Verdauungsvorgänge. Sie wird in gereinigter Form als *Amoghasiddhi*-Buddha-

Linie durch die grüne Farbe bezeichnet, was dem Aggregat der karmischen Bildekräfte, *samskâra-skandha*, entspricht. Die Reinigung überwindet die Eifersucht.

5. Die *durchdringende Energie* hat ihren Sitz überall, verteilt über die dreihundertsechzig Gelenke. Sie fließt nicht durch die Nasenlöcher, außer im Sterbeprozeß. Sie erlaubt dem Körper die Bewegung. Sie wird in gereinigter Form als *Vairocana*-Buddha-Linie durch die blaue Farbe bezeichnet, was dem Aggregat der sinnlich wahrnehmbaren Formen, *rûpa-skandha*, entspricht. Die Reinigung überwindet den Zorn.

Man muß diese Energien, ihre Formen und Wirkungen sowie die Zuordnung zu den leidverursachenden Emotionen und ihrer Überwindung (wobei die Zuordnungsmuster zu *Akshobhya* und *Vairocana* gelegentlich umgekehrt sind) genau kennen, um in der Meditation sowie im Sterbeprozeß damit umgehen und feststellen zu können, in welchem Stadium der Auflösung oder auf welcher subtilen Ebene man angekommen ist.

Es gibt ferner zwei Arten von Kraftkonzentrationen, die roten und weißen »Tropfen« *(bindu, tig le)*, die wiederum jeweils subtile und grobstoffliche Formen haben. Auf der materiellen Ebene erscheinen sie als Blut bzw. Samenflüssigkeit. Ihre subtilsten Erscheinungen befinden sich im Herzzentrum. Dort formen sie eine Art »Kapsel«, die als Ort des subtilsten Bewußtseins und seiner Trägerenergie gilt, die beide unzerstörbar sind und als das bezeichnet werden, was von Leben zu Leben wandert und die Basis für das Buddha-Wesen abgibt.

Im Sterbeprozeß lösen sich nacheinander die verschiedenen Faktoren (Aggregate, Elemente, Bewußtseinskräfte), die eine Person ausmachen, auf. Es gibt äußere und innere Anzeichen für die Stadien des Auflösungsprozesses, der aber nur dann in geordneter Reihenfolge und ohne Irritationen der subtilsten Bewußtseinskräfte ablaufen kann, wenn der Betreffende nicht eines gewaltsamen Todes (durch Mord oder Unfall) stirbt. Der Dalai Lama weist darauf hin, daß ein gewaltsam Sterbender doppelt leidet: er wird nicht nur seines Lebens beraubt, sondern ihm ist auch die Möglichkeit genommen,

daß der Prozeß des Sterbens Quelle spiritueller Reifung werden kann.
Man unterscheidet acht Stadien der Auflösung, entsprechend den acht Energien und Bewußtseinsformen, die nacheinander in den Zentralkanal zurückgezogen werden und sich auflösen.
Zuerst lösen sich die mit dem Formaggregat verbundenen Phänomene, d.h. die zum Erd-Element gehörenden Kräfte, auf. Das Seh-Bewußtsein wird zurückgenommen. Äußeres Anzeichen für dieses Stadium ist, daß die Glieder schmaler werden und der Körper schwach wird. Das Sehen verschwimmt und verdunkelt sich, und man hat das Gefühl, unendlich tief unter den Boden zu sinken. Es wird immer schwerer, die Augenlider zu heben oder zu senken. Als inneres Zeichen meint man, eine Luftspiegelung zu sehen, die mit einer Fata Morgana in der Wüste verglichen wird, in der man Wasser zu sehen glaubt. Durch die Auflösung des Erdelementes ist nun das Wasserelement als Träger aller Prozesse dominierend.
Danach lösen sich im *zweiten* Stadium die mit dem Gefühlsaggregat verbundenen Kräfte auf, d.h. die sich auf das Wasserelement stützenden Funktionen werden schwächer. Man empfindet jetzt weder Vergnügen noch Schmerz. Äußeres Anzeichen ist die Austrocknung der Körperflüssigkeiten. Inneres Anzeichen ist die Vision von blauen Rauchwolken. Durch die Auflösung des Wasserelementes wird das Feuerelement dominierend.
Danach lösen sich im *dritten* Stadium die mit dem Aggregat der Wahrnehmung verbundenen Kräfte auf, d.h. die sich auf das Feuerelement stützenden Kräfte werden schwächer. Die Körperwärme vermindert sich, und der Sterbende nimmt die umstehenden Verwandten nicht mehr als Individualitäten wahr; er kann sich auch nicht mehr an ihre Namen erinnern. Nahrungsaufnahme ist nicht mehr möglich, und der Atmungsvorgang wird schwerfällig, wobei die Einatmung immer kürzer und die Ausatmung stoßend lang wird. Der Sterbende hat die visuelle Erscheinung von leuchtkäferartigen Lichtern oder roten Lichtreflexen. Durch die Auflösung des Feuerelementes gewinnt das Luftelement an Bedeutung.
Danach lösen sich im *vierten* Stadium die mit dem Aggregat der

karmischen Bildekräfte verbundenen Prozesse auf, d.h. die sich auf das Luftelement stützenden Kräfte werden schwächer. Der Sterbende kann sich nicht mehr bewegen. Die Zunge wird schwer und läuft blau an. Der Atem kommt zum Stillstand. Der Sterbende kann die Aufmerksamkeit nicht mehr auf ein äußeres Objekt lenken. Die inneren Lichtreflexe sind einem rötlichen Glühen, wie dem einer verlöschenden Butterlampe, gewichen. Alle mit den Sinnen verbundenen Bewußtseinskräfte sind jetzt aufgelöst, aber das mentale Bewußtsein ist noch aktiv.

Danach lösen sich im *fünften* Stadium die mit dem Aggregat des mentalen Bewußtseins verbundenen Gruppen der achtzig begrifflichen Vorstellunskomplexe auf (wie etwa Freude, Zufriedenheit usw.). Wenn sich diese Bewußtseinskräfte und ihre Trägerenergien aufgelöst haben, erscheint ein weißes Licht, das mit einem klaren herbstlichen Nachthimmel verglichen wird, über den sich das Mondlicht ergießt. Man nennt dies die lebendige *Erscheinung im weißen Spektrum.* In diesem Stadium sind alle Energien aus den linken und rechten Kanälen oberhalb des Herzens in den Zentralkanal eingetreten. Dies verursacht eine Intensität, die jene Energiekonzentration des »weißen Tropfens« im Zentrum an der Schädeldecke (skt. *sahasrâra cakra*) auflöst, so daß sie bis zum Herzen hinabfließt, was die Lichterscheinung im weißen Spektrum zur Folge hat.

Danach löst sich im *sechsten* Stadium die Bewußtseinskraft des Lichtes im weißen Spektrum sowie seine Trägerenergie auf, wodurch sich die noch subtilere Ebene des *Anwachsens im roten Spektrum* manifestiert. Man vergleicht dies mit einem Herbsthimmel, über den sich rötlich-oranges Sonnenlicht ergießt, wobei die Erscheinung aber noch viel klarer ist als im vorangehenden Stadium. In diesem Zustand sind alle Energien aus den linken und rechten Kanälen unterhalb des Herzens in den Zentralkanal eingetreten, und zwar durch das unterste Cakra *(muladhâra cakra).* Dadurch öffnen sich die Energiezentren des unteren Bereichs, und die Energiekonzentration des »roten Tropfens«, die im *manipura cakra* (Nabelzentrum) geruht hatte, steigt bis zum Herzzentrum *(anâhata cakra)* nach oben. Dies hat die Lichterscheinung des Anwachsens im roten Spektrum zur Folge.

Danach löst sich im *siebenten* Stadium die Bewußtseinskraft des Lichtes des roten Spektrums sowie seine Trägerenergie auf, wodurch sich die noch subtilere Ebene der *Vollendungsnähe im schwarzen Bereich* manifestiert. Die erste Hälfte dieses Zustandes wird verglichen mit der völligen Dunkelheit eines herbstlichen Nachthimmels zu Beginn der Nacht, wobei die Schwärze noch als eine Art »Objekt« erscheint. Die zweite Hälfte dieses Zustandes ist gekennzeichnet durch den völligen Verlust jeder Bewußtheit. In diesem Stadium sind die bereits im Herzzentrum versammelten weißen und roten Energiekonzentrationen in der »mittleren Kapsel« der dort schon immer existierenden weißen und roten Tropfen angekommen und durchdringen sie, was die Erscheinung der *Vollendungsnähe im schwarzen Bereich* zur Folge hat.

Danach löst sich im *achten* Stadium die Bewußtseinskraft der Vollendungsnähe im schwarzen Bereich sowie seine Trägerenergie in das nun erscheinende *Klare Licht* auf. Damit verschwindet die in der zweiten Hälfte des siebenten Stadiums erfahrene Bewußtlosigkeit, und eine äußerst subtile Bewußtheit, die von der Bewußtseinskraft des *Klaren Lichtes* hervorgerufen wird, erscheint. Man vergleicht dies mit einer völlig ungetrübten Morgendämmerung am Herbsthimmel, ohne jede fluktuierende Störung von Mondlicht, Sonnenlicht oder Dunkelheit. Hier gibt es keinerlei dualistische Erscheinung, und das Bewußtsein befindet sich in einem Zustand, der ähnlich ist dem Bewußtsein, das im meditativen Gleichgewicht die Leere direkt erfährt. In diesem Stadium sind die durch den Zentralkanal ab- und aufsteigenden weißen und roten Tropfen der Energiekonzentrationen völlig mit den unzerstörbaren weißen und roten Energiekonzentrationen in der Mitte des Herzzentrums verschmolzen, und alle Trägerenergien sind in den allersubtilsten lebenstragenden *prâna* aufgelöst. Dadurch wird die allersubtilste Bewußtseinsform und ihre Trägerenergie, die von Anfang an im Herzzentrum existiert hat, aktiviert. Dies ist die Ursache für die Erscheinung des *Klaren Lichtes.*

Diesen Zustand nennen die Tibeter das *Klare Licht des Todes*. Erst jetzt kann man sagen, daß der Mensch tot ist, während westliche

Ärzte den Sterbenden gewöhnlich bereits nach dem vierten Stadium für tot erklären würden. Dieses letzte Stadium ist nun auch die Basis für die weitere Reinigung des Bewußtseins in den Wahrheits-Körper eines Buddha, wenn die Voraussetzungen dafür gegeben sind.

Das *Klare Licht* gilt als der Grund der Wirklichkeit überhaupt. Aus ihm entsteht alles. Die Tantras sprechen von einem objektiven Aspekt, das ist die subtile Leere der Wirklichkeit, und einem subjektiven Aspekt, das ist das Weisheitsbewußtsein, das diese Leere erkennt. Also gibt es auch hier eine Bewußtheit, die in höchster Klarheit diesen universalen Geist-Grund bzw. die tiefste Ebene des Bewußtseinskontinuums erfährt. Der Dalai Lama gab anläßlich der Kâlacakra-Initiation weitere Erläuterungen zum Wesen des Klaren Lichtes[20]:

»Der fundamentale ursprüngliche Geist des Klaren Lichtes wohnt dem Herzen jedes Lebewesens inne und durchdringt es. Es ist auch die letzte Essenz und der Schöpfer aller Wesen und der Dinge, die sie umgeben. Es ist die Grundlage für das Entstehen des Geburtenkreislaufs und für das Nirvana. Denn alle Erscheinungen – lebende Wesen und die sie umgebenden Dinge – sind das Spiel oder Kunstwerk des fundamentalen ursprünglichen Geistes des Klaren Lichtes, das als Grundlage von allem bezeichnet wird. Es ist die Grundlage der Emanation aller fünf Überwinder-[Buddha-]Linien [Akshobhya, Ratnasambhava, Amitâbha, Amoghasiddhi und Vairocana] und daher der ›höchste Herr aller Linien‹, denn dem fundamentalen ursprünglichen Geist des Klaren Lichtes eignen die fünf erhöhten Weisheits-Aspekte, auf Grund derer die fünf Überwinder-Linien erscheinen. Es ist auch der ›Ahne alles Lebendigen‹, da es alle reinen und unreinen Bewußtseinsformen hervorbringt. Es ist der Grund dafür, daß man Personen als solche bezeichnen kann.«

Das Klare Licht, so fügte der Dalai Lama bei der Kâlacakra-Initiation in Rikon/Schweiz 1985 hinzu, sei so etwas wie ein »Schöpfer« im Buddhismus. Und weiter: »Es ist dieser Geistgrund, der anfangs- und endlos kontinuierlich in jedem Individuum von Leben zu Leben, ja bis in die Buddhaschaft hinein, existiert.«[21]

Das Klare Licht, das der Sterbende im Tod erfährt, heißt *Mutter-Kla-*

res-Licht, während das in der Meditationsübung geschaute Klare Licht als *Sohn-Klares-Licht* bezeichnet wird, womit eine entsprechende Abhängigkeit ausgedrückt werden soll. Hat der Meditierende in der Meditationsübung Kontrolle über die Energien und Bewußtseinskonzentrationen erlangt, kann er die meditative Bewußtseinskraft auch im Sterben anwenden. Wenn er dann also das Klare Licht erkennt und seine Aufmerksamkeit ganz und gar darauf richtet, kann er lange in diesem Zustand bleiben und durch weitere Übung in der tantrischen Praxis des Vollendungsstadiums[22] die dabei aktivierten Kräfte für den Aufstieg zur Buddhaschaft nutzen. Die meisten Menschen bleiben aber, wie wir schon sagten, nur drei Tage in diesem Zustand. Weil ihre karmischen Bewußtseinseindrükke das Bewußtsein in den weniger subtilen Bereich ziehen, werden sie vom Klaren Licht abgelenkt und tauchen allmählich wieder in den Prozeß ein, der zur Wiedergeburt führt. Für den Unvorbereiteten sind die Lichterscheinungen im Zwischenzustand so ungewohnt, daß er erschrickt. Dieses Erschrecken verdichtet sich zu Bewußtseinsprojektionen, die als schreckliche und zornvolle göttliche Wesenheiten erscheinen. Wer dies nicht zu deuten weiß, glaubt sich dem Bösen ausgesetzt, obwohl ihm nur der Spiegel vorgehalten wird. Sein eigenes Bewußtsein zieht ihn in diesen Schrecken, den es selbst produziert. Auch dies sind aber Erfahrungen, die der in Meditation Geübte kennt und darum auch wiedererkennen und einordnen kann. Der gesamte Prozeß vollzieht sich nun erneut in umgekehrter Richtung, die acht Stadien laufen in entgegengesetzter Reihenfolge nacheinander ab, und der Mensch wird wiedergeboren.

Lama Anagarika Govinda beschreibt dieses vom Karma bestimmte Geschehen im Zwischenzustand: »Wer das Höchste in sich gepflegt hat, wird vom Höchsten angezogen. Wer aber am Niedrigsten hängt, wird vom Niedrigen angezogen. Und wer nicht während seiner Lebenszeit sich der Ausübung der Meditation gewidmet hat, ist nicht imstande, lange in diesem Reich reinen Lichtes zu verweilen. Er wird sich angezogen fühlen von den trüben, aber um so vertrauteren Ausstrahlungen und Reflexen niederer Bewußtseinsimpulse wie Gier, Haften, Neid, Stolz, Zorn,

Selbstgefälligkeit, Trägheit, Stumpfheit und ähnlichen Folgen von Unwissenheit und Selbstsucht.«[23]

Es wäre hinzuzufügen: Der Meditierende kennt den Moment, in dem das Bewußtsein gleichsam in ein strahlendes Licht hineingezogen wird. Wer zögert oder zweifelt, bleibt zurück, bis sich die subtile Geistebene wieder verschließt. Vermutlich ist es im Prozeß des Sterbens ähnlich.

Erinnern wir uns an den Abt des Atitsi-Klosters bei Lamayuru, hoch in den Himalaya-Bergen von Ladakh:

»Nutzt dieses Leben in menschlicher Form. Es ist kurz und eine selten kostbare Gelegenheit.«

Man muß die Intensität erlebt haben, mit der tibetische Meditationsmeister und ihre Schüler diesem Rat folgen. So wie in Europa ein eifriger Wissenschaftler Tag und Nacht über seinen Experimenten brütet, um Wahrheit zu finden, stürzt man sich dort in das Abenteuer der Erforschung des Bewußtseins, gleichsam im Selbstexperiment, und man nähert sich dabei dem Grund der Existenz.

Wir haben tantrische Initiationen unter Kalu Rinpoche in seinem kleinen Kloster bei Darjeeling miterlebt, bei denen es um Übungen ging, die das eben Gesagte anwenden. Einige hohe Lamas der Kagyü-Schule hatten um diese Einweihungen gebeten, aber sie waren offen für jedermann. Auch Frauen mit Kindern saßen in der überfüllten Gompa (Kloster-Tempel). Die Unruhe konnte die Meditierenden nicht stören. Und wurde die Meditation unterbrochen, so stimmten auch die Mönche in das Lachen und Schwatzen ein. Trotz der komplizierten Praxis des Geistestrainings steht man mit beiden Beinen auf der Erde, vielleicht viel verwurzelter als einer, der nur in Gedankenkonstruktionen und in der Projektion seiner Bewußtseinskräfte nach außen lebt, wozu auch die eigene Gewichtigkeit, das Sich-allzu-ernst-Nehmen und das Übersehen der kleinen alltäglichen Dinge gehören. Als wir nach langer Busfahrt ankamen, unterbrach Kalu Rinpoche seine Übungen, um sich persönlich um unser Abendessen zu kümmern, wobei alles von herzlicher Selbstverständlichkeit begleitet war, die den Schluß nahelegt: Er unterbrach seine Übungen nicht, sondern setzte sie auf andere Weise fort.

c) Ein Universum voller Gnade

Manchen mag ein Schwindelgefühl befallen bei diesem Netzwerk von Ebenen, Stufen, Vorstellungen, Meditationsanweisungen und komplizierten Entsprechungsverhältnissen. Wer kann das überhaupt überschauen, auch wenn er ein ganzes Leben nichts anderes als diese Geisteswelt studieren würde?
Nein, antworten die tibetischen Meditationsmeister, nicht ein Leben, sondern unzählig viele Leben des Studiums und der Praxis sind notwendig, um den Weg zu Ende zu gehen. Resignation also, oder Ermahnung zu unermeßlicher Geduld? Tantra, so heißt es weiter, sei allerdings ein schneller Pfad, durch den man das Ziel noch in diesem Leben erreichen kann. Steckt aber nicht in diesem ganzen System ein Zwang zur Vollkommenheit, ein Druck, sich anzustrengen, wo man doch um die Schwachheit des Menschen weiß? Kennt der Buddhismus nicht die Gnade der *unbedingten Liebe*, die den Menschen umfängt?
So einfach ist das nicht. Viele Aspekte der asiatischen Kulturen mögen uns Abendländern, denen die Erforschung des Bewußtseins und klare Methoden des Geistestrainings aus ganz anderen Gründen etwas suspekt waren, fremd erscheinen. Was aber ist das Geheimnis der Gelassenheit und Freude jener buddhistischen Meister, die uns das Herz erwärmte, wo immer wir mit ihnen zusammentrafen? Was ist das Geheimnis ihrer Sicherheit, die man beinahe – in christlicher Terminologie – Heilsgewißheit nennen könnte?

Gnadenvolle Wesen

Wir waren erst wenige Monate in Indien, als auf Anregung des Dalai Lama der Rat für Religiöse Angelegenheiten der tibetischen Exilverwaltung anfragte, ob es nicht möglich sei, eine Reihe von Vorträgen über das Christentum und vielleicht auch über den Hinduismus in den großen tibetisch-buddhistischen Kloster-Universitäten zu organisieren, die dem gegenseitigen Verständnis der Religionen dienen könnten. Man habe großes Interesse am inter-

religiösen Dialog, doch sei die Kenntnis der anderen Religionen zu unvollständig und gewiß auch von Vorurteilen belastet – eine Befürchtung, die sich bestätigte, als uns ein Mönch des Sera-Klosters sagte, er habe immer geglaubt, das Christentum sei eine Religion, die Gewalt predigt, denn in der Missionsschule, die er besucht habe, sei jeden Morgen das Lied »Vorwärts, christliche Soldaten« gesungen worden (»Onward, Christian soldiers, Marching as to war«)! Dies gab uns die Möglichkeit, mit den Lamas – bedeutenden Meistern wie Schülern – ins Gespräch zu kommen. Dankbar nahmen wir also die Einladung an, nicht ohne entsprechende Gegeneinladungen an Lati Rinpoche und andere Lamas auszusprechen, an unser Lutherisches College in Madras zu kommen. Später konnte auch noch das katholische Dharmaram-College in Bangalore in den Austausch einbezogen werden.
Die Gastgeber hatten das Sera-Kloster ausgewählt, und wir fuhren in einer kleinen Gruppe – zu Anfang nur Christen aus Europa, später wurden indische Christen in die Programme einbezogen – in die Gegend von Mysore im südindischen Bundesstaat Karnataka, wo die größte Siedlung der Exiltibeter (Bylakuppe, seit Dez. 1960) ständig wächst. Unter sehr bescheidenen, aber erträglichen Verhältnissen konnten auch einige der in Tibet zerstörten Klöster (Sera und Tashilhünpo sind die wichtigsten bei Mysore, während Drepung und Gaden im Norden desselben Bundesstaates angesiedelt sind) neu aufgebaut werden. Sera beherbergte mit seinen zwei Fakultäten in Tibet freilich etwa siebentausend Mönche, heute sind es nur einige hundert. An Novizen, die bereits im Kindesalter zwischen fünf und sieben Jahren aufgenommen werden und dann allmählich in das klösterliche Leben hineinwachsen, fehlt es nicht. Die Atmosphäre ist ganz und gar tibetisch – von der Architektur bis zu den Studienplänen, nur in den Speisegewohnheiten mußten sich die Tibeter dem südindischen Klima anpassen. Der unvermeidliche Buttertee darf aber bei keinem Empfang und keinem der stundenlangen Gebete fehlen, und dampfende Schalen mit dieser merkwürdigen salzigen Teesuppe wurden uns dann auch mit viel Fröhlichkeit zur Begrüßung kredenzt. Nachdem die erste Reihe von Vorträgen einen gan-

zen Abend gedauert hatte, bei denen das gesamte Kloster versammelt war und die Geshes (Doktoren der tibetischen Philosophie) nicht nur mit den Ohren, sondern mit dem ganzen Körper zuhörten – so sehr bogen sie sich herüber, um die wohl doch recht fremden Ausführungen über christliche Theologie und Geschichte zu verstehen, nachdem von den sechs- bis siebenjährigen Mönchsschülern einige schon selig eingeschlafen waren, ohne aus dem Hocksitz am Boden zu rutschen (die kleinen Novizen entwickeln eine gewisse Meisterschaft darin, im Hocksitz zu schlafen, ohne daß es jemand bemerkt, was bei den langen Gebeten von großem Vorteil ist, s. Abb.), vertagten wir uns auf den nächsten Morgen zum Gespräch. Nur die Geshes und gebildeten Lamas sollten daran teilnehmen, damit der Kreis überschaubar bliebe. Etwa zwanzig Lamas saßen uns gegenüber, und unter viel Lachen und gegenseitiger Information über weniger bekannte Aspekte der Religion des anderen kam es zu hochinteressanten Fragen, die anzeigten, daß die Geshes in den wenigen Stunden vom Christentum Wesentliches erfaßt hatten. Ich erzähle dies, weil eine der Fragen den Kern der Sache traf. Einer der Lamas fragte nämlich:

»Wie stellen sich die Christen denn konkret den Zustand nach dem Tod vor?«

Ich antwortete, daß es diesbezüglich verschiedene Ansichten gäbe, daß uns genaue Kenntnis darüber nicht zur Verfügung stünde, verwies aber darauf, daß der Mensch als Leib und Seele verwandelt würde, um sich so der ewigen Gemeinschaft mit Gott zu erfreuen, solange er sich dieser Einladung Gottes nicht widersetze.

Es folgte ein langes Schweigen, und ich glaubte, Betroffenheit darin hören zu können.

»Ja«, fragte sehr leise und nach langem Zögern der Lama, »wie könnt Ihr dann aber den zahllosen Wesen helfen, die auf der Erde leidend umherirren?«

Hier spricht das Herz des tibetischen Buddhismus. Keiner derer, die zu Bodhisattvas oder Buddhas gereift sind, hat dies nur um der eigenen Seligkeit willen getan. Sie werden wiedergeboren oder wirken aus höheren Sphären in diese Welt zurück, um durch ihre

heilende Kraft den lebenden Wesen auf dem Weg zur Vollendung beizustehen. Auf allen subtilen und noch subtileren Ebenen der Wirklichkeit leben Wesen, die ihre Gnade über die Welt ausschütten, die Liebe und heilende Hinwendung auf Grund ihres höheren Bewußtseins viel wirkungsvoller ausüben können, als dies Menschen möglich ist. Jeder Tibeter hat sein *yidam*, eine Schutzgottheit, der er sich nicht nur in diesem, sondern über mehrere Leben hinweg verbunden weiß. Jedes Kloster, jedes Dorf, jede Gegend, ja ganz Tibet haben entsprechende Schutzgestalten. Je höher die Verwirklichungsgestalt dieses Wesens ist, um so universaler kann es wirken. Für bestimmte Tätigkeiten, für bestimmte Meditationsübungen, als Neutralisierung negativer Kräfte – überall greifen diese Wesenheiten durch ihre universale Präsenz ein und bilden einen schützenden Schirm über alle, die sich ihnen anvertrauen. Und so können wir sagen, daß die tibetische Welt ein Universum voller Gnade sei.

Gewiß, es hängt am Menschen selbst, ob er sich für diese Kräfte öffnen will oder nicht (und deshalb kann man nicht vorbehaltlos von einer reinen Gnaden*religion* sprechen). Neben den komplizierten Meditationswegen sind vor allem Gebete, Beichte und auch Opferriten zu nennen, bei denen die göttlichen Wesenheiten gebeten werden, niederzusteigen und zu wirken, damit man ihrer Gnadenwirkung teilhaftig wird. Sehr beliebt ist *Tara*, die gnadenvolle Mutter, die ihre schützende Hand besonders auch über die Dalai Lamas hält. Wenigen Menschen ist es beschieden, direkt als Sprachrohr, als physische »Stütze« (Kuten, tib. *sku rten*) dieser Wesen zu dienen: sie sind die »Orakel«, durch die jene Wesen Rat geben und heilen.

Die tibetische Kosmologie kennt drei große Bereiche des Kreislaufs der Wiedergeburten: den Bereich der Begierden, den Bereich der Form und den Formlosen Bereich. Zum Bereich der Begierden zählen die sechs Daseinsbereiche: Hölle, hungrige Geister, Tiere, Menschen, Halbgötter, Götter. Diese Halbgötter und Götter sind aber sehr niedrig stehende Geistwesen, die keineswegs Kontrolle über ihre Begierden erlangt haben. Darüber aber, im Bereich der Form und im Formlosen Bereich, wölben sich Geistebenen, die von

Wesen besiedelt werden, die von größerer Subtilität und Macht sind und die nun ihre gnadenhafte Strahlung in die unteren Bereiche lenken. Im Bereich der Form zählt man siebzehn und im Formlosen Bereich vier Hauptgruppen göttlicher Wesenheiten.

»Oberhalb« dieser drei Bereiche des Kreislaufs der Wiedergeburten befinden sich die »Buddha-Sphären«, in denen die allwissenden, höchsten göttlichen Wesenheiten angesiedelt sind. Sie kennen keinerlei Beschränkungen und können darum auf vollkommene Weise unbedingt Liebe üben und heilende Hinwendung gegenüber wirklich allen Wesen praktizieren. Sie erscheinen auch im zornvollen Aspekt als Schützer der Gerechtigkeit und des Gesetzes gegen dämonische Kräfte, von denen sich die Tibeter seit alters umgeben und bedroht fühlen.

Daß hier viel Bildmaterial, Mythologien und Gottesvorstellungen aus der vorbuddhistischen Zeit Tibets und ganz Zentralasiens eingeflossen sind, hat die religionsgeschichtliche Forschung längst dargelegt. Auch die tibetischen Lamas wissen es. Nur – daß sich daraus ein geordnetes Universum ineinandergreifender geistiger Kräfte und Strukturen gebildet hat, das den tibetischen Menschen in ihrem täglichen Leben Halt gibt, ihnen eine heitere Gelassenheit verleiht gerade auch angesichts der überall lauernden Gefahren und dämonischen Kräfte (der Volksglaube ist voll davon), die man keineswegs verdrängt, ist Ausdruck einer tief verwurzelten und einzigartigen Weisheit.

Viele der hohen geistigen Wesenheiten wirken aber nicht nur aus himmlischen Bereichen heilbringend in diese Welt hinein, sondern sie manifestieren sich in zahllosen Inkarnationen: die leiblichen Gestalten der Buddhas und Bodhisattvas. Sie sind die Tulkus (tib. *sprul sku*), von denen mehrere Hundert immer wiederkehren und offiziell anerkannt sind – nach dem Tode eines solchen Tulku (meist ein Lama und Meditationsmeister, selten Frauen) betet man tagelang um die baldige Wiedergeburt und für die schnelle Auffindung derselben. Die bedeutendsten sind der Dalai Lama – als Inkarnation des Bodhisattva der Barmherzigkeit *Avalokiteshvara* – und der Panchen Lama – als Inkarnation des Buddha *Amitâbha* sowie auch der *Karmapa*. Der Bodhisattva der Barmherzigkeit blickt gleichzeitig in alle Richtungen der Welt und hilft auf tausendfache Weise, was ikonographisch durch die elf Köpfe und tausend Arme der Figur veranschaulicht wird (s. Frontispiz, S. 2). Daß der Dalai Lama als Inkarnation der Barmherzigkeit *die* Integrationsgestalt, der »wunscherfüllende Edelstein«, wie ihn die Tibeter nennen, ist, kann kaum verwundern.

Sind aber diese Wesen nun reale, vom Menschen unabhängige Existenzen, oder sind sie Projektionen des menschlichen Bewußtseins? Für wohl die meisten, philosophisch nicht geschulten Tibeter existieren diese Wesen so wie der Mensch, der mir gegenüber am Tisch sitzt. Der in der Meditation Geübte weiß aber, daß alle diese Wesen dem unermeßlichen Bewußtseinskontinuum entspringen, daß sie für Meditationszwecke projiziert werden können, wobei diese Projektion, wenn sie mit größter Intensität vollzogen wird, ein gewisses Eigenleben führen kann. Geistige Projektion schafft Realität: Es gibt Erzählungen, daß Yogis so intensiv meditiert haben, daß die göttlichen Wesenheiten auch für Außenstehende sichtbar wurden oder daß sie aus einem Mandala heraustraten und umherwanderten. In der Legendenbildung stellt man sich die Dinge also durchaus sehr »real« vor. Da ja aber alle Erscheinungen letztlich leer sind, existiert nichts unabhängig vom anderen; die subtilen Geistebenen und feinstofflichen Körper sind dann ebenso real wie dieser Mensch vor mir am Tisch – alles hängt miteinander zusammen, alles hat am anderen Anteil, spiegelt sich im anderen und gewinnt erst dadurch das Charakteristikum seiner Existenz. Existenz ist Beziehung, nicht unabhängiges Sein. Auf dem Hintergrund der buddhistischen Weltanschauung ist die Frage nach Projektion *oder* Eigenexistenz jedenfalls nicht mit einem einfachen Entweder-Oder zu beantworten. Solche theoretischen Erwägungen sind für Buddhisten aber ohnehin von zweitrangiger Bedeutung, denn es kommt allein auf das Bewußtseinstraining an. Wichtig ist deshalb, welche *Wirkungen* bestimmte Vorstellungen haben, und die sind in bezug auf die göttlichen Wesenheiten um so spürbarer, je intensiver man sich für dieselben öffnet. Wer sich freilich aus Unwissenheit diesen

Wirkungen verschließt, wandelt in den unteren Gefilden des Bereichs der Begierden.

Gebet

Die Literatur über den Buddhismus schweigt meist über Gebet und Gebetspraxis. Manche bestreiten sogar, daß Buddhisten beten. Das Beten ist aber die tägliche und neben dem Studium und der Meditation wichtigste Praxis in den Klöstern, und es ist *der* Inbegriff religiösen Lebens in den Familien.

Die Morgendämmerung kündigt sich silbrig über den schneebedeckten Gipfeln an. Das Kiefernholz riecht kräftig vom Tau der Nacht, und die Kälte können wir nur abschütteln, indem wir schnellen Schrittes den steilen Weg zum Kloster hinauf eilen. Es ist Zeit, denn pünktlich um sechs Uhr beginnt das Morgengebet der Klosterschüler in der Schule für Dialektik in Dharamsala. Die ersten rötlich-goldenen Sonnenstrahlen lassen die Bergketten draußen hinter den Fenstern aufleuchten und werfen ein warmes Licht in den Versammlungsraum. Etwa achtzig Novizen und Geshes haben sich versammelt. Zuerst üben sie etwa zwanzig Minuten lang die Prostrationen, d.h. sie werfen sich immer wieder in voller Körperlänge vor der großen Buddhastatue auf den Boden, eine körperliche Anstrengung ohnegleichen, die in Aufmerksamkeit und in Demut einübt. Das Buddhabild strahlt golden im Licht der Butterlampen. Wasseropferschalen werden gefüllt, denn das Wasser ist das reinste Element, klar wie das nichtverschmutzte Bewußtsein. So stellt man jeweils sieben täglich neu zu füllende Schalen vor die Statue Shâkyamuni Buddhas und anderer buddhistischer Meister, allen voran *Tsongkapa* (1357-1419), der Begründer der Gelukpa. An den Wänden hängen Rollbilder (Thangkas) von den bedeutendsten indischen Lehrern des Mahâyâna-Buddhismus, den »Sechs Ornamenten des Südens«: *Nâgârjuna, Âryadeva, Asanga, Vasubandhu, Dignâga* und *Dharmakîrti*[24]. Die Mönche sitzen jetzt in tibetisch-buddhistischer Weise, d.h. in Längsreihen zu der Hauptrichtung, einander gegenüber. Sie stimmen ihren unnachahmlichen melodischen Mur-

melgesang an, der begleitet und gelegentlich auch unterbrochen wird von den gewaltigen Klängen der Gongs, Trommeln, großen Becken, Hörner, tibetischen Schalmeien und Muschelhörner.
Zuerst erklingen Beichtgebete. Die Beichte wird in den tibetischen Klöstern ernst genommen, da sie Voraussetzung für die Tilgung der begangenen Verfehlungen ist, positive karmische Spuren hinterläßt und den Verunreinigungen entgegenwirkt und sie sogar auslöscht. Meist werden die Beichtzeremonien zweimal monatlich abgehalten, und es genügt ein allgemeines Beichtgebet. Wir haben aber auch Einzelbeichte erlebt, bei der die jüngeren Novizen den älteren Lamas beichteten. Berühmt ist das Tung-shak-Gebet (tib. *ltung bshags*) an die fünfunddreißig Tathâgatas, aus dem wir hier zitieren[25]:
»Ich, der … heißt, nehme allzeit Zuflucht bei meinen Meistern, bei dem Buddha, dem Dharma und dem Samgha.
Vor ihm, der der Herr ist, der Tathâgata, der Arhant, der vollkommen Erleuchtete, vor dem Guru Shâkyamuni Buddha beuge ich mich.
… [Es folgen die Namen der fünfunddreißig Tathâgatas.] In diesem Leben und von anfanglosem Anbeginn im Kreislauf der Geburten, im Leben vor diesem und in allen Bereichen der Wiedergeburt habe ich viel negatives Karma geschaffen, habe andere angehalten, das gleiche zu tun, oder mich an der Erzeugung desselben erfreut. Ich habe Verehrungsgegenstände in ichhafter Weise besessen und Gegenstände des Samgha benutzt, habe Dinge, die dem Samgha gehören, gestohlen und mich ihrer gewaltsam bemächtigt. Ich habe die fünf äußeren schlechten Handlungen begangen und auch die fünf negativen Handlungsweisen, die ihnen nahekommen. Ich habe andere ermutigt, dieselben zu begehen, und mich daran erfreut …
Jetzt, da sie verborgen sind, fürchte ich, daß diese Karmas bewirken, daß ich und andere in Höllenbereichen wiedergeboren werden, als Tiere oder als hungrige Geister, in irreligiösen Ländern, als Barbar oder als göttliches Wesen im Begierdebereich oder als verstümmeltes Wesen, als einer, der falsche Ansichten hat oder nicht auf das Kommen des Buddha hofft.

All diese negativen Handlungen bekenne ich jetzt. Ich bekenne, daß sie schlecht sind. Ich werde sie nicht geheimhalten, indem ich sie nicht beichte. Ich verberge sie nicht. Von jetzt an will ich mich abwenden von der Erzeugung solcher negativer Handlungen. In Gegenwart der Buddhas und himmlischen Herren, die die transzendentale Weisheit der Allwissenheit erlangen … Euch gegenüber lege ich diese Beichte ab …
In diesem Leben und von anfangslosem Anbeginn im Kreislauf der Geburten, im Leben vor diesem und in allen Bereichen der Wiedergeburt – was immer ich an positiven Bewußtseinsformungen hervorgebracht habe selbst durch kleine Handlungen, da ich etwa einem Wesen im Bereich der Tierwelt eine Handvoll Speise gab, was ich an positiven Bewußtseinsformungen hervorgebracht habe, da ich die Mönchsdisziplin einhielt, die geistigen Übungen praktiziert habe, anderen auf dem Weg des Geistestrainings beigestanden habe …
All diese genannten positiven Bewußtseinsformungen zusammen mit all meinen Tugenden, zusammengebracht mit all den Tugenden aller anderen Wesen, und somit die guten Bewußtseinsformungen in ihrer Gesamtheit, bringe ich dar dem Höchsten, über dem nichts Höheres ist, ja dem, der selbst über dem Höchsten ist, dem Höchsten der Höchsten, ihm, dem Nirmânakâya, der selbst höher als das Nirvâna ist, bringe ich sie alle dar …
Alle negativen Karmas, aus denen das Leiden in den unteren Bereichen des Kreislaufs resultiert, bekenne ich gesondert. Ich erfreue mich all der positiven Bewußtseinsformungen. Ich flehe alle Buddhas an, meine Bitte zu erhören: Möge ich die höchste, allersubtilste, transzendentale Weisheit empfangen.«

Man muß die heilige Scheu auf den Gesichtern der Betenden gesehen haben, um die Tiefe dieser buddhistischen Beichtpraxis ermessen zu können. Nichts wird in Eile abgespult, sondern die dreißigminütige Beichte ist ein Gesang voller Konzentration.
Nachdem das Gebet verklungen ist, schweigen die Mönche. Nur das Miauen einer Katze draußen im Hof ist zu hören – sie war im Gebet

mitgemeint. Zwei Mönche tragen schwere Kannen mit Pö-cha, dem tibetischen Buttertee (s. Abb.), herein. Alle holen die Teeschale unter ihrem Gewand hervor, die jeder Mönch ständig bei sich trägt. Einige Schalen sind aus wertvollen Himalayahölzern gedrechselt, manche sogar mit Silberbändern verziert, die mit Türkisen und Korallen besetzt sind. Manche Mönche fördern aber nur ein zerbeultes Aluminiumtöpfchen zutage. Zwei Mönche bringen Tabletts mit tibetischen weißen Brotfladen, zu denen noch ein Ei gereicht wird. Zunächst wird aber das Triratna-Gebet, die Anrufung des Buddha, des Dharma und des Samgha, gesungen, jene Zufluchtsformel, die durch die gesamte buddhistische Welt tönt:

Buddham sharanam gacchami,
Dharmam sharanam gacchami,
Samgham sharanam gacchami.

Ich nehme Zuflucht beim Buddha, der Lehre und der Gemeinschaft. Im Mahâyâna-Buddhismus wird das Gebet aber immer sogleich mit dem Bodhisattva-Gelübde verbunden: »Mögen alle lebenden Wesen frei von Leid sein … möge ich sie alle befreien.« Dies ist die grundlegende Motivation zu Selbstlosigkeit, heilender Hinwendung und Liebe, die alles bestimmt.

Die kleine Mahlzeit wird nach einem Dankgebet schweigend eingenommen, mit einer Andacht, die den Vergleich mit einem sakramentalen Mahl nicht abwegig erscheinen läßt.

Es folgen der Lobpreis an Mañjushrî, der als Buddha-Aspekt und Herr der Weisheit natürlich in dieser Schule der Dialektik eine besondere Rolle spielt. Das nächste Gebet wendet sich an den Buddha selbst. Der Ton, auf dem das Gebet gesungen wird, klingt besonders innig, so will uns scheinen. Das tibetische Singen atmet Harmonie und einen Hauch des Grenzenlosen. Der monoton-harmonische Gesang, der immer in seiner Form bleibt, in der er gerade entsteht, ist nicht festgelegt. Er schwingt aus sich selbst, geht durch die Gemeinschaft der Mönche hindurch und erzeugt sich dadurch erneut. Dabei passiert nichts, es gibt keine interessanten Modulationen, denn der Klang steht, indem er fließt[26]:

Huldigung den drei Juwelen!
Jenseits der Welt gegangen, dient er als ein Licht der Welt. Für das Wohl der Welt wirkend, ist sein Geist ganz erhaben. Zur höchsten Erleuchtung gelangt, hat er den Schmutz des Wahns abgewischt.
Huldigung dem Buddha, dem Erleuchter der Welt. …
Zum anderen Ufer gegangen, inspiriert er andere zur Vollkommenheit.
Die Myriaden schädlicher Geister zerstört er und wendet sie ab.
Tüchtig ist er, die Wege und Gedanken anderer zu kennen. Ihm, der Negativität und Übel zerstört, beuge ich mich immer wieder.
…
König der großen Arhants, Zerstörer der Male von Verunreinigungen,

der auf vollkommenem Pfad geht und Disziplin wie Gutes übt, Höchster der Herren, Untadeliger, frei von Makel, Dir, der Du ungeteilt heilende Hinwendung übst, beuge ich mich. …

Danach folgen Gebete an die »Sechs Ornamente«, die mit Tibet verbundenen Meister *Padmasambhava, Kunga Gyaltsen, Marpa, Milarepa* und *Tsongkapa*, sowie das Herz-Sûtra. Immer wieder werden die guten Bewußtseinsformungen, die man durch diese Gebete und Rezitationen erzeugt, allen lebenden Wesen dargebracht, damit sie deren Leiden erleichtern und abwenden mögen. Die Mönche schlagen mehrmals die Hände mit lautem Klatschen zusammen, was böse Geister vertreiben soll. Dann fährt man fort mit dem Gebet für ein langes Leben des Dalai Lama, und die Zeremonie schließt nach fast zweistündiger Dauer mit dem Gebet an *Palden Lhamo*, die allgemeine Schutzgottheit Tibets. Sie ist niemand anderes als die zornvolle Gestalt der grünen Tara, die als Beschützerin des Lehrens und Lernens des *dharma* gilt.

Die Buddhas, Bodhisattvas, göttlichen Wesenheiten, Schutzgeister und Gurus werden angerufen, um jedes Lebewesen zu beschützen, die Verbreitung der Lehre zu fördern, damit alle ungehindert das Geistestraining vollziehen können, das sie zur leidfreien Seligkeit bringen soll.

Wie aber kann man das Gebet im tibetischen Buddhismus verstehen? Wer betet zu wem? Der Buddha wird verehrt, weil er den Weg gewiesen und mit seinem Beispiel gezeigt hat, daß in jedem Menschen die Möglichkeit zur Vollkommenheit, zur Buddhaschaft ruht. Aber ist er ein persönlicher Gott, den man als »Du« ansprechen kann? Auch das Fürbittgebet für alle lebenden Wesen wird mit Inbrunst gesprochen. Es schließt die Bitte ein, daß der Betende ständig neu die Kraft bekommen möge, alle Wesen vom Leid zu befreien. Auch derer, die in der Hölle ihr schlechtes Karma ableben oder im Zwischenzustand zwischen Tod und Wiedergeburt schweben, wird fürbittend gedacht. Über allem möge *Avalokiteshvara*, der Herr der Barmherzigkeit, der auf die Welt herabblickt, seinen Gnadenstrahl leuchten lassen.

Diese Gebetswünsche können auch sehr konkret sein: für Gesundheit und besonders auch für langes Leben des Dalai Lama und anderer Lamas. Eine solche Zeremonie für das lange Leben eines Meisters beinhaltet dann auch die entsprechenden Visualisationen, die dramatisch dargestellt werden. Im Jahre 1981 erlebten wir im Gaden-Kloster in Mundgod eine derartige Zeremonie für den ehrwürdigen Zong Rinpoche (s. Abb. S. 110) mit, die von Lati Rinpoche, dem Abt des Klosters, geleitet wurde. Die Dakînîs (eine Gruppe weiblicher geistiger Wesenheiten, die Schutz und Beistand gewähren) zogen in prachtvollen Gewändern mit tantrischen Kronen und Farbschärpen ein. Sie wurden von Mönchen dargestellt. Sie waren entsprechend den fünf Überwinder-Buddha-Linien gekleidet und umstellten den Thron, auf dem Zong Rinpoche saß. Nachdem sie eine enge Verbindung zu ihm hergestellt hatten, indem sie die farbigen Stoffschärpen ausgerollt und am Thron befestigt hatten, kam der Abt des Klosters und betete, unterstützt von den vierhundert versammelten Mönchen, die Dakînîs möchten den Meister noch unter den Lebenden lassen, denn man brauche seine Gegenwart im Kloster, um den *dharma* zu lernen und zu praktizieren. Es sei nur am Rande erwähnt, daß dieser Brauch auf uralte vorbuddhistische schamanische Vorstellungen zurückgeht, da man glaubte, daß zwischen Erde und Jenseits ein sehr enger Zusammenhang bestehe, wobei der Tote über eine Brücke (altiranische Vorstellung) oder einen Regenbogen bzw. über die Stoffschärpe in die andere Welt gelange[27]. Die Schärpen wurden schließlich zerschnitten, und die Dakînîs zogen – den Rinpoche im Kloster zurücklassend – wieder ab. Hier wird der Mythos rituelle Wirklichkeit.
Eine andere Begegnung wirft Licht auf die Praxis des Betens und deren Verständnis im tibetischen Buddhismus. Anläßlich des bereits erwähnten Besuchs im Sera-Kloster kamen wir auch auf die Gefahren der gegenwärtigen Weltsituation, besonders auf die Möglichkeit einer nuklearen Katastrophe, zu sprechen. Die Mönche waren sich des Ernstes der Lage voll bewußt. Auf die Frage, was sie tun würden, um für den Frieden zu wirken, war die prompte Antwort: »Wir beten täglich. Wären unsere Gebete nicht so intensiv, wäre der Krieg schon

längst ausgebrochen.« Im selben Sinne hat der Dalai Lama die Kâlacakra-Initiation u.a. 1985 in der Schweiz »für den Weltfrieden« zelebriert.

Man muß zwei Dimensionen des Gebetes im tantrischen Buddhismus unterscheiden. Zum einen erzeugen positive und heilende Gedanken einen entsprechenden Eindruck im Geistkontinuum. Da alles mit allem vernetzt ist, haben solche Eindrücke ihre unmittelbaren Wirkungen im subtilen Bereich. Gebet ist in diesem Sinne Geistestraining, Formung positiver Bewußtseinsbildungen, die sich im eigenen Kontinuum wie im universalen Bewußtseinsfeld auswirken. Zum anderen – und daran ließ der ehrwürdige Ling Rinpoche, einer der Tutoren des Dalai Lama und Haupt des Gelukpa-Ordens, als wir ihn im September 1983 wenige Monate vor seinem Tod ausdrücklich danach fragten, keinen Zweifel – ist Gebet ein Gebet zu dem, was Christen Gott nennen würden. Die verschiedenen Aspekte der Buddha-Wirklichkeit, die angesprochen werden, so fügte Ling Rinpoche hinzu, sind Aspekte oder »Subtilitätsgrade« *eines* geistigen Kontinuums, das sich gleichsam auffächert wie die Farben eines Regenbogens, um verschiedenen Wesen auf unterschiedliche Weise entsprechend ihren Nöten helfen zu können. Gebet könne man also durchaus als Gespräch mit »Gott« bezeichnen. Aber man müsse einen gewissen Grad an geistiger Intensität und Bewußtseinsklarheit durch Meditation erreicht haben, um sich mit der konkret visualisierten göttlichen Wesenheit tatsächlich vereinigen zu können. Gebet sei letztlich Vereinigung mit den Gnadenstrahlungen, die leibhaft-konkret aus dem transzendenten Buddha-Geist hervortreten.

Gebet und Meditation sind nicht dasselbe. Während das Gebet Anrufung des Höchsten in der Vielfalt seiner Formen darstellt, ist Meditation die in der Konzentration des Geistes gesuchte Identifikation mit dem göttlichen Wesen sowie die Einsicht in die Leere. Das Gebet ist Vorbereitung für den Weg der Meditation. Umgekehrt kann aber ein von egozentrischen Motiven freies Gebet letztlich nur aus dem meditativen Schweigen erwachsen. Vielleicht kann man sagen: In der Meditation erfährt der Buddhist sein wahres Wesen,

die Seligkeit des in ihm angelegten *Klaren Lichtes*, letztlich die Buddha-Natur. Im Gebet beugt er sich vor dem Höchsten und bekennt seine Schwachheit.
Man könnte hier noch feinere Unterscheidungen anführen, aber der Buddhist würde abwinken – Praxis ist entscheidend, denn nur durch Praxis erlangt man die unzerstörbare Gewißheit und – noch wichtiger – die aus dem Leid befreiende Transformation des eigenen Bewußtseins, in der alle Unterscheidungen zerschmelzen.

Heilende Hinwendung – Überwindung des Leidens

Der Buddhismus geht davon aus, daß alle lebenden Wesen im Kreislauf des Leidens umherirren, da sie von den karmischen Beflekkungen ihres Bewußtseins getrieben werden und nach Befreiung aus diesem Zustand streben. Um ihnen helfen zu können, muß man die Umstände ihres Leidens, die subtilen Ursachen ihrer Unwissenheit, genau und in jedem Fall konkret kennen. Das kann ein Mensch nicht, denn er müßte allwissend sein, um einem anderen Menschen in die Tiefe des Herzens blicken zu können. Um diese Allwissenheit zu erlangen, muß man zum Buddha erwachen, und darum legt der Mahâyâna-Buddhist das Bodhisattva-Gelübde ab: zur Erleuchtung zu gelangen, damit er alle lebenden Wesen aus dem Kreislauf der Wiedergeburten befreien kann. Man nennt diese Motivation *bodhicitta*, die uneigennützige Absicht, zur Erleuchtung zu gelangen. Erst im Zustand der Buddhaschaft kann man unbedingte und unbegrenzte heilende Hinwendung (skt. *karunâ*) und Liebe (skt. *maitrî*) üben.
Dies gibt uns einen tieferen Einblick in das Verständnis der »Gnade« im Mahâyâna-Buddhismus. Man vertraut mit unbedingter Gewißheit in die allüberwindende Kraft der Buddha-Natur, zu der man erwacht, und zwar mittels des Loslassens der eigenen Ich-Kräfte, wodurch die Buddha-Natur selbst wirkt. Es ist eine Anstrengung zur Nicht-Anstrengung. Aber man vertraut nicht auf einen von außen her wirkenden Gott, der letztlich auch ohne menschliche Anstrengung das Leiden beseitigen würde. Der Mensch hat Anteil an der Er-lösung, d.h. Befreiung der Welt aus ihren Fesseln. Es ist sein

höchstes Ideal, die Verschmutzungen des Bewußtseins zu überwinden, damit er seinerseits, gleichsam als Glied im Strom der Gnadenstrahlungen, heilschaffend wirkt. Im tibetischen Buddhismus befreit die Gnade den Menschen dazu, ein Gnadenstrahl zu werden. Dadurch füllt sich das Universum mit Gnade.
Der Bodhisattva nimmt das Leid anderer bewußt auf sich, um es zu transformieren und den anderen heilende Kraft entgegenzustrahlen. *Jede* Meditationsübung oder tantrische Initiation beginnt im tibetischen Buddhismus damit, daß die Schutzgottheiten und Buddhas um Beistand angerufen werden – eben die Geistkräfte, die im eigenen Bewußtseinskontinuum anwesend sind. Wer um Erleuchtungsbeistand bittet, bittet um die Öffnung des Auges, diese Wirklichkeit zu erfahren. Nach dieser Anrufung läßt man in der ersten Übung die leidenden Wesen vor dem geistigen inneren Auge erscheinen. Dann visualisiert man ein strahlend-klares Buddha-Bild, das weißes, rotes und blaues Licht in das Stirn-, Kehlkopf- und Herzzentrum ausstrahlt, wobei Körper, Rede und Bewußtsein des Individuums gereinigt werden. Diese Reinigungskraft wendet der Meditierende an, um die Leiden der anderen Wesen zu lindern. Er meditiert den Austausch der Kräfte und visualisiert sich selbst *als* die anderen, und so strahlt er heilende Kräfte zu ihnen aus. Das Leiden wird nicht verdrängt, sondern bewußt angenommen, um es zu transformieren. Wer in der Meditation zu der tief-verwandelnden Ansicht gelangt, daß er mit allen Wesen eins ist, kann gar nicht anders, als ihr Leiden als das seine zu empfinden und alles zur Überwindung zu tun.
Oft wird diese Praxis auch hinsichtlich ganz konkret vorgestellter Menschen geübt, deren Gesichtszüge dann bis in die kleinste Einzelheit visualisiert werden. Es gibt viele solcher Übungen, die nicht nur von Lamas und Mönchen, sondern auch von philosophisch wenig geschulten Laien praktiziert werden.
Besonders bekannt sind die Acht Strophen über das Geistestraining, die von dem Meister der Kadampa-Schule *Lang-ri-tang-pa* (1054-1123) gedichtet worden sind. Sie erfreuen sich bis heute in der Geluk-Schule größter Beliebtheit und werden von sehr vielen Tibetern täglich nicht nur rezitiert, sondern in meditativer Konzentration

durchlebt. Menschen, die nach diesen Versen üben, haben es in Tibet früher z.B. übernommen, sich der Pflege der Leprakranken anzunehmen[28].

Fest entschlossen, das höchste Wohl für alle lebenden Wesen zu erlangen,
die großartiger sind als selbst ein wunscherfüllender Edelstein,
möchte ich lernen, sie zutiefst zu lieben.

In der Gemeinschaft mit anderen werde ich lernen, von mir als dem Niedrigsten von allen zu denken und die anderen achtungsvoll hochzuschätzen aus der Tiefe meines Herzens.

Bei allem Tun will ich lernen, meinen Geist zu erforschen. Und sobald sich Leidenschaften erheben, die mich und andere gefährden, werde ich ihnen fest entgegentreten und sie abwenden.

Ich will lernen, mich um Wesen mit schlechter Natur zu kümmern,
und um jene, die von schlimmen Sünden und Leiden bedrückt werden,
als ob ich einen kostbaren Schatz gefunden hätte, den man nur sehr selten finden kann.

Behandeln mich andere aus Eifersucht schlecht, mit Beschimpfung, Verleumdung und noch mehr, will ich lernen, den Verlust zu ertragen und ihnen den Sieg anzubieten.

Wenn jemand, dem ich mit großer Hoffnung Wohltaten erwiesen habe, mich grundlos verletzt, so will ich lernen, diesen Menschen als vortrefflichen geistigen Lehrer zu betrachten.

Kurz, ich will lernen, alle diese Übungen rein zu halten von den Befleckungen der acht weltlichen Auffassungsweisen[29]*, und indem ich alle Erscheinungen als Illusionen durchschaue, von der Fessel des Anhaftens erlöst zu werden.*

3. Medien und Trancen

a) Tibetische Schamanen

Die Frage, was das menschliche Bewußtsein sei, ist uralt und kann auch heute noch nicht wirklich beantwortet werden. Es gibt viele Möglichkeiten, dem Geheimnis des Bewußtseins nachzuspüren: von Messungen der Gehirnwellen über anatomische Studien des Zentralnervensystems bis zu Beschreibungen der Bewußtseinsphänomene, die durch intensive Meditation oder künstlich herbeigeführte chemische Veränderungen in den Gehirnsubstanzen erzeugt werden können. Eine wichtige Wissensquelle ist die Geschichte der Menschheit, besonders religionswissenschaftliche Beschreibungen von Bewußtseinsphänomenen: Hier werden intensivierte Bewußtseinszustände geschildert, die sich vom »energetischen Niveau« des normalen Tagesbewußtseins unterscheiden und in vielen Kulturen als Mittel zur Wahrnehmung anderer Wirklichkeiten genutzt werden.

In schamanischen Kulturen Asiens, Amerikas und Afrikas, aber auch in den asiatischen Hochreligionen wie Hinduismus und Buddhismus widmet man diesen Phänomenen seit alters große Aufmerksamkeit, beschreibt sie, ordnet sie in weltanschauliche Systeme ein und trainiert Methoden zu ihrer regelmäßigen Reproduzierbarkeit. Schamanen sind »Techniker der Ekstase«[30], und der »Schamanismus ist eine ekstatische Religionsform mit sehr eigenen, festen Elementen und einer bestimmten Ideologie … Die Schamanen sind Heiler, Seher und Visionäre, die den Tod bezwungen haben.«[31]

Besonders in den dünnbesiedelten Hochebenen Tibets, in der Einsamkeit der Bergwelt, hat sich auf der Grundlage uralten vorbuddhistischen schamanischen Wissens eine einzigartige Kenntnis der

Bewußtseinskräfte entwickeln können, die durch den Buddhismus mit seinen systematischen Meditationsmethoden und seinem Ideal der Vervollkommnung des Menschen durch Integration aller seelischen und leiblichen Kräfte nur noch verstärkt wurde. Die Bewußtseinserfahrung und Geistesphilosophie des tibetischen Buddhismus beruht einerseits auf dem genauen Studium der veränderten Bewußtseinszustände wie etwa Trancen, die durch meditative Techniken verursacht werden, und andererseits auf der Geschichte der Verschmelzung vorbuddhistischer geistiger Erfahrungen mit der buddhistischen Systematik eines Bewußtseinskontinuums, die wir bereits dargestellt haben.

Im tibetischen Buddhismus ist Trance die Manifestation höherer Bewußtseinskräfte, die als »gnadenhaftes Herabkommen« erfahren wird. Während gewöhnliche Bewußtseinszustände durch räumlich-zeitliche Beschränkungen gekennzeichnet sind, tritt durch das Eintauchen in eine universale(re) Bewußtseinsebene raum-zeitliche Entschränkung ein, die gleichsam einen Durchblick durch die Wirklichkeit, geistige Transparenz, gestattet.

Den verschiedenen Bewußtseinsebenen ordnet man geistige Kraftzentren zu, die als göttliche Wesenheiten *(deva, lha)* vorgestellt werden. Diese Bewußtseinspotentiale erschließen sich nicht nur schrittweise in der Meditation, sondern auch plötzlich in Trancen, in die das Medium (Kuten, tib. *sku rten*) fällt, wenn eine solche göttliche Wesenheit oder geistige Kraft von ihm Besitz ergreift. Das Orakel bzw. Medium wirkt zum Wohl der Mitmenschen, der *kuten* ist Seelsorger, Priester und Heiler zugleich. Wird durch ein Orakel der Blick in die Zukunft geöffnet, so ist damit nicht gesagt, daß alle Ereignisse unabänderlich vorherbestimmt seien und der Mensch keine Freiheit zu eigenverantwortlicher Lebensgestaltung habe. Im Gegenteil: Der tiefere Einblick in die subtileren Zusammenhänge der Wirklichkeit, in das Geflecht von Abhängigkeiten und Möglichkeiten, erlaubt eine sachgemäße Erfahrung der Welt, »wie sie ist«. Das Tagesbewußtsein ist zerstreut und projiziert Wünsche und Frustrationen auf die Dinge, die der Mensch dann nicht mehr vorurteilsfrei wahrnehmen kann. In der Trance hingegen sind derartige

Störfaktoren weitgehend ausgeschaltet. Sagt etwa ein Orakel voraus, daß ein Feind anrückt, so ist dies unausweichlich. Aber wie man dieser Tatsache begegnet, obliegt der eigenen Verantwortung und Willensentscheidung: man kann Vorkehrungen treffen und sich gegebenenfalls verteidigen.
Es gibt verschiedene Arten von Trancen. Je universaler die in das Medium eintretende »göttliche Wesenheit« ist, desto höhere Qualitäten werden ihr zugeschrieben, bis hin zur vollkommenen Allwissenheit, die an die universale Bewußtseinsebene, den tiefsten Grund des geistigen Kontinuums, gebunden ist.

Das Nechung-Orakel

Berühmtestes Beispiel ist das tibetische Staatsorakel, der Nechung-*kuten*[32]. Als im siebenten und achten Jahrhundert n.Chr. der Buddhismus in Tibet eingeführt wurde, mußte nicht nur der Widerstand der Bon-Priesterschaft, sondern auch der Einfluß der im Geisterreich angesiedelten Kräfte gebrochen werden. *Shântirakshita* und vor allem der als Tantriker über magische Kräfte gebietende *Padmasambhava* unterwarfen, so heißt es, unzählige lokale und auch universalere Geister, die in den Buddhismus eingegliedert wurden, um dem *dharma* zu dienen und als Schutzgottheiten aufzutreten. Bis heute stehen diese geistigen Kräfte vermittels ihrer Medien den Tibetern zur Verfügung. Die wichtige Gottheit *Pehar Gyalpo* geht in das Nechung-Orakel ein und gilt als Beschützer ganz Tibets. Sie hat deshalb eine besondere Verbindung zu den Dalai Lamas. Pehar Gyalpo taucht bereits als Schutzgottheit des ersten buddhistischen Klosters in Tibet, *Samye,* auf und ist offenbar eine mächtige vorbuddhistische, wenn auch lokal begrenzte, Gottheit gewesen[33]. *Dorje Drakden* gilt als besonderer Botschafter Pehar Gyalpos und kann daher als ein spezifischer geistiger Aspekt im universalen Bewußtseinskontinuum gelten. Die Hierarchie der göttlichen Wesenheiten entspricht den irdischen Hierarchien in der tibetischen Gesellschaft, was nicht verwunderlich ist, da materielle und geistige, soziale und himmlische Kräfte ohnehin in Entsprechungsverhältnissen bzw. als

Kontinua gedacht werden. Als im Jahre 1416 das Drepung-Kloster – jahrhundertelang mit bis zu siebentausend Mönchen das größte Kloster Tibets – gegründet wurde, war das Orakel von Dorje Drakden entscheidend, und als 1642 der als der »Große Fünfte« bekannte V. Dalai Lama an die Macht kam, wurde Pehar Gyalpo offiziell zur Schutzgottheit für die neue Zentralregierung erklärt.

Das zwölfte Medium dieser Gottheit, Lobsang Jigme, ein Mönch des Nechung-Klosters, wurde 1930 geboren. Durch dieses Medium werden alljährlich anläßlich des Neujahrsfestes die Staatsorakel gegeben. Das etwa achtstündige Ritual für diesen feierlichen und politisch bedeutenden Anlaß war bereits vom V. Dalai Lama festgelegt worden. Das Medium sowie alle anwesenden Mönche visualisieren die ikonographisch genau bestimmten Aspekte der betreffenden göttlichen Wesenheit, wodurch die Verbindung zu den subtileren Wirklichkeitsebenen, zu feineren Formen im Bewußtseinskontinuum, hergestellt werden soll. In Tibet waren anläßlich des Neujahrsfestes und des damit verbundenen Gebetsfestes *Monlam Chenmo* bis zu zwanzigtausend Mönche versammelt, was zur besonderen Intensität des Staatsorakels beitrug. Man feierte den *Tsog*, ein Dankopferritual für Pehar Gyalpo, am dritten Tag des tibetischen Neujahrsfestes. Aber auch zu anderen Anlässen und in schwierigen politischen Situationen wird das Staatsorakel von dem Dalai Lama persönlich oder von der tibetischen Regierung befragt. Als 1950 der chinesische Einmarsch nach Tibet bevorstand, hatten viele Orakel entsprechende Warnungen geäußert.

Zurück zur Geschichte des letzten Nechung-Orakels. Lobsang Jigme wurde im Alter von etwa zehn Jahren krank und litt an psychischer Unausgeglichenheit sowie an Halluzinationen. Oft war er geistig abwesend und konnte die klösterlichen Pflichten eines Mönches kaum noch erfüllen, was ihm Schwierigkeiten eintrug. Man brachte ihn in das Zentralkloster des Geluk-Ordens, Gaden. Allmählich läuterten sich die spontanen Anfälle zu echten Trancen, die sich bis fünfmal täglich wiederholten. Der Unterschied besteht in der geistigen Klarheit der Schauung bzw. der Botschaft sowie in der allmählich zunehmenden Kontrolle, die das Medium über den Eintritt oder Nichteintritt der Trance hat. Wie uns Lobsang Jigme im Nechung-Kloster zu Dharamsala erklärte, war dieser Prozeß notwendig, um die psychischen Energiekanäle zu reinigen, da zunächst unbedeutende und »kleine Gottheiten« vom Medium Besitz ergreifen. Erst dann könnten bedeutendere geistige Kräfte in den *kuten* eintreten und wirken. In einer der Trancen im Vorstadium kündigte sich schließlich *Dorje Drakden* selbst an. Das Medium Lobsang Jigme wurde sodann von erfahrenen Lamas verschiedenen Tests unterzogen, die wegen der politischen Bedeutung des Staatsorakels besonders rigoros sind. Die Unterscheidung der Geister wird vermittels dreier Arten von Tests vollzogen: äußere, innere und verborgene Prüfungen. Im äußeren Test (1) legt man dem Medium in Trance verschiedene verschlossene Behälter vor. Der Inhalt muß fehlerfrei bezeichnet werden, was aber prinzipiell auch durch Hellsehen möglich wäre und darum allein kein ausreichender Anhaltspunkt für genuine Trance ist. Deshalb folgt der innere Test (2), bei dem die das Medium besitzende Gottheit gebeten wird, wortwörtlich Prophezeiungen zu zitieren, die sie in der Vergangenheit gegeben hat. Diese Prophezeiungen werden versiegelt von der Regierung aufbewahrt, und kein Mensch, auch kein Medium, kennt die meist in hochkomplizierten Versmaßen geoffenbarten Sprüche wörtlich. Hunderte derartiger Orakel sind allein von Dorje Drakden überliefert, und die Tibeter glauben mit Gewißheit, daß dieser Test nur gelingen kann, wenn jene Gottheit tatsächlich anwesend ist. Um ganz sicher zu gehen, schließt man den verborgenen Test (3) an, der mit der Geschichte dieses Orakels zusammenhängt. Man prüft (a) den Atem des Mediums vor der Trance. Er muß klar und ohne jeden Geruch sein. Während der Trance verändert sich der Atem und nimmt einen scharfen, alkoholartigen Geruch an, der als Geruch himmlischen Nektars gedeutet wird, den Padmasambhava jenem zunächst widerspenstigen Geist gereicht haben soll, als er ihn zum Buddhismus bekehrt hatte. Als Zeichen seiner Treue, für immer dem buddhistischen *dharma* zu dienen, atmet Dorje Drakden bis heute den Nektargeruch. Weiterhin (b) heißt es, daß Padmasambhava dem in der Gestalt eines achtjährigen Knaben erschienenen neubekehrten

Geistwesen zum Siegel ein Diamantszepter *(vajra, rdo rje)* auf das Haupt gedrückt habe. Der stigmatische Abdruck dieses Gegenstandes soll bei dem Medium, das wirklich von Dorje Drakden besessen wird, ebenfalls in jeder Trance erneut sichtbar sein.
Nachdem Lobsang Jigme alle diese Tests erfolgreich abgeschlossen hatte, wurde er im Frühjahr 1945 zum Staatsorakel Tibets erklärt und hat dieses Amt bis zu seinem Tode im Jahr 1985 inne gehabt.
Wie schon erwähnt, entspricht dem unermeßlichen Bewußtseinskontinuum mit seinen immer subtileren Ebenen und geistigen Kräften eine Hierarchie von Medien und Orakeln, die alle dem »gnadenhaften Herabkommen« der einen und doch vielfältigen Kraft des Geistes dienen. So spielen die Orakel in den Dörfern eine ebenso wichtige Rolle für das Leben der Menschen wie die in den Klöstern, und dort sind es Laien, hier aber Mönche, die als Medien dienen.

Das Orakel von Tikse

Auf einem Bergrücken, der sich weit über dem Industal erhebt, thront das Kloster von Tikse in Ladakh (s. Abb.). Von weitem ähnelt die Anlage dem Potala in Lhasa. Ein kleines Nonnenkloster liegt am Fuße des gewaltigen Baues, und ganz unten im Tal wohnen die Bauern. Es ist kein gewöhnliches Dorf, denn hier lebt ein weitberühmter Mann. Nach langem Suchen in Häusern und Höfen finden wir ihn auf dem Feld: den Schamanen Sonam, der viele andere Orakel am oberen Indus ausgebildet hat und einen untadeligen Ruf genießt. Er hilft bei der Ernte auf den Feldern, die ihm selbst gehören. Es ist ein warmer Nachmittag im späten August 1982, und das Singen der Schnittergruppe läßt keinen Zweifel daran, daß es bei der Arbeit fröhlich zugeht. Uns ist sofort deutlich: *dieser* Mann ist es. Sein Blick ist durchdringend, aber er hat ein freundliches Lachen und einen kräftigen Händedruck für uns. Wir zeigen den Empfehlungsbrief aus dem Büro des Dalai Lama vor und bitten darum, eine Trance miterleben zu dürfen. Abends sei sein Geist nicht frisch genug, wir sollten am nächsten Morgen kurz nach Sonnenauf-

gang wiederkommen. Doch daraus wird nichts. Er ist schon vor Sonnenaufgang in die Stadt gefahren, offensichtlich, um sich uns zu entziehen.

Wir versuchen es am nächsten Tag erneut. »Wer nur aus Neugier und nicht mit einem wirklichen Anliegen kommt, läuft Gefahr, von der Gottheit geschlagen zu werden. Dies ist kein Showgeschäft, sondern eine ernste, heilige Sache«, werden wir schroff abgewiesen. Man müsse erst die Motivation genau prüfen. Nach einigen Tagen könnten wir ja noch einmal wiederkommen. Als die Frist abgelaufen ist, treffen wir Sonam wieder nicht an. Er sei in ein anderes Dorf gegangen, um ein todkrankes Kind zu heilen. Außerdem dürften wir nicht in seine Nähe kommen, um den Kräftestrom nicht zu stören, heißt es. Am Abend ist er endlich zurück. Er lehnt sich aus dem Fenster im ersten Stockwerk, während wir durch unseren Übersetzer Tsewang Norbu, einen Lama aus dem Nachbarkloster, der die Kinder im Dorf in Englisch unterrichtet, mit ihm zu sprechen versuchen. Erneut will er uns abweisen, obwohl wir nun schon mehrere Tage gewartet haben. Wir blicken ihm lange in die Augen, bis er unverwandt zurückblickt. Dann nickt er leicht und schließt das Fenster.

Am nächsten Morgen sind wir um vier Uhr zur Stelle. Der Sternhimmel ist noch klar, ein grandioses millionenfaches Funkeln in dreitausendfünfhundert Metern Höhe. Bis fünf Uhr meditieren wir, eingehüllt in Decken und Schlafsäcke, bei beißender Kälte. Eine halbe Stunde später stehen wir wieder vor dem Fenster, mit Dhawa Dhondup, unserem tibetischen Begleiter, und Tsewang Norbu, dem Ladakhi-Mönch. Der Schamane heißt uns, die Treppe hinaufzukommen. Mit einem freundlichen »Dschüläh« begrüßt er uns, während er gleichzeitig die vielen Kultgegenstände ordnet. Wir setzen uns auf Matten nieder, und sofort wird tibetischer salziger Buttertee gereicht. Dabei murmelt Sonam unablässig die vorgeschriebenen Gebete. Als Altar dient eine Bank, die etwas erhöht steht. Schalen mit Wasser und mit Gerstenkörnern gefüllte Gefäße sind neben Butterlämpchen und einer kleinen Buddha-Figur angeordnet. Der Schamane entzündet ein Räucherstäbchen, das er vor uns hinstellt. Links befindet sich ein großer Topf mit schwelendem Reisig als Räuchergabe. Dies duftet frisch und würzig.

Der Schamane intensiviert die Gebete und kniet nun, das Gesicht zum Altar gewandt. Er holt ein Bündel hervor, dem er ein Diamantszepter *(vajra, rdo rje)* und die Handglocke *(ghanta, dril bu)* entnimmt. Dann kommt ein Tuch zum Vorschein, eine Art Latz mit runder Öffnung. Unter weiteren Gebeten wirft er sich das Tuch blitzartig über den Kopf, läutet mit der Glocke, um das göttliche Wesen, das von ihm Besitz ergreifen soll, einzuladen, und trommelt schließlich mit der kleinen tantrischen Doppeltrommel (skt. *damaru*). Sein Körper fällt allmählich in Zuckungen. Er schüttelt sich immer heftiger: zuerst die Beine, dann der gesamte Körper, die Arme und der Kopf, wie eine elektrische Strömung, die von unten nach oben fließt. Er niest in hohen Tönen, gähnt mehrmals und stößt gellende Schreie aus. Dann bindet er ein Tuch über die Ohren rund um den Kopf, während ein zweites das Kinn bedeckt und ebenfalls am Hinterkopf zusammengehalten wird. Zum Schluß befestigt er die fünfzackige tantrische Krone auf dem Kopf. Die fünf Zacken symbolisieren die Totalität der Wirklichkeit – die fünf Daseinsfaktoren und die fünf Gruppen der Überwinder-Buddhas. Nachdem die Trance vollkommen über ihn gekommen ist, wendet er sich zu uns und wirft uns, zum Zeichen des Segens, eine Handvoll Körner ins Gesicht. Aber wer ist jetzt »er«?

Die Augen sind völlig verändert, nach innen gedreht, so daß man nur das Weiße sieht. Seine Stimme klingt nun anders, merkwürdig gespalten: nacheinander sprechen abwechselnd eine hohe piepsige und eine tiefe knarrende Stimme. Beide Stimmen fragen, was wir wollen. Tsewang übersetzt aufgeregt, auch Dhawa ist voller Furcht. Uns ist unheimlich zumute. Fraglos liegt jetzt eine große Kraft im Raum, scheinbar unkontrollierbar. Es geht aber dennoch fast geschäftsmäßig nüchtern zu, ohne jede Pose. Die Fragen werden präzise beantwortet, mit der Auflage, daß über den Inhalt zu schweigen sei. Das Gespräch dauert etwa drei bis fünf Minuten. Zum Zeichen der Freundschaft hängt uns die »Gottheit« einen alten schmutzigen *Kata* um den Hals, den tibetischen Begrüßungs- und Glücksschal. Zum Abschluß wird noch ein äußeres Zeichen für die Kraft und Wahrhaftigkeit der Gottheit demonstriert: eine Telekinese. Ein Reiskorn bewegt sich auf einer Schale mehrmals um die eigene Achse, während alle anderen Reiskörner, die ringsum mandalaförmig angeordnet sind, in ihrer Ruhelage verbleiben. Eine mechanische Krafteinwirkung können wir nicht ausmachen, messen dieser Demonstration aber nicht allzuviel Bedeutung bei, denn der Inhalt des Orakels ist numinos genug, um alle Aufmerksamkeit zu beanspruchen.

Abrupt wendet sich der Schamane wieder zum Altar, stößt Schreie aus und niest. Er reißt sich ruckartig die Krone vom Kopf, zieht das latzartige Tuch über die Schultern und entfernt mit einem Riß die anderen Tücher. Der Körper zittert wieder, dann fällt er kopfüber zu Boden. Das Ende der Trance scheint physisch noch anstrengender zu sein als der Eintritt in den veränderten Bewußtseinszustand. Nach einer kurzen Ruhepause erhebt sich das Medium, dreht sich zu uns

und sagt mit matter Stimme »Dschüläh« – guten Tag! Er fragt, ob wir mit den Antworten zufrieden seien und ob es hilfreich gewesen ist. Sonam läßt sich nun noch überblicksartig erklären, was der Inhalt von Fragen und Antworten gewesen sei, denn er hat keinerlei Bewußtsein von den Vorgängen während der Trance. Den Namen der Gottheit darf er uns nicht sagen. Doch, so fügt er hinzu, manchmal sei die Gottheit zornig, manchmal freundlich, je nach der geistigen Verfassung des Bittstellers. Ganz spontan und mit gelöstem Humor verabschiedet er sich. Er läßt sich fotografieren (s. Abb.), hält dies aber für töricht, denn schließlich habe er doch in der Trance nur seinen Körper zur Verfügung gestellt, gehandelt und gesprochen habe ein anderer.
Nachdenklich und mit vielen Fragen steigen wir die Treppe hinab und sitzen noch lange am Indus, jenem Fluß, der für die Geschichte der menschlichen Zivilisationen (Indus-Kultur) eine bedeutende Rolle gespielt hat.

b) Das Medium Choeyang Dulzin Kuten

Mit »unserem« Kuten-Lama verbindet uns seit Jahren eine ganz besondere Freundschaft, getragen von Respekt für seine geistige Integrität und Bereitschaft, das Leiden seines Volkes zu teilen und auf sich zu nehmen. Bescheiden lebt er in einer Hütte des Gaden-Klosters, das heute bei Mundgod im indischen Bundesstaat Karnataka wiedererstanden ist. Uns ist der 24. Januar 1983, der Tag unseres ersten Besuches in Gaden, in lebhafter Erinnerung. Wir konnten den Kuten-Lama damals zu einem christlich-buddhistisch-hindustischen Gespräch einladen, das unter der Leitung von Pater Bede Griffiths im christlichen Shantivanam-Ashram im Dezember 1983 zum Thema »Bewußtsein« stattfand (s. Abb. S. 126, von der Mitte nach rechts im Kreis: Bede Griffiths, Kuten Lama, der Mönch Cheme Tsering, von Brück, Rupert Sheldrake). Des Kuten-Lamas Aufgeschlossenheit, auch von der christlichen Erfahrung zu hören und zu lernen, hat uns tief bewegt. Was wir in den folgenden

Abschnitten berichten werden, geht auf diese Gespräche in Shantivanam sowie auf spätere Begegnungen bei unseren Besuchen in Gaden in den Jahren 1984 und 1985 zurück.

Kindheit und Initiation

In dem kleinen Dorf Yangtse Tanga in der tibetischen Provinz Ü Tsang wurde am neunundzwanzigsten Tag des zwölften tibetischen Monats im Jahr des Erd-Schafes der Knabe Migmar Tsering geboren. Seine Eltern waren gewöhnliche Bauern, doch hatte es der Vater durch günstige Handelsgeschäfte zu einem bescheidenen Einkommen gebracht. Als Migmar sieben Jahre alt war, wurde er von den Eltern zum Studium in das berühmte Tashilhünpo-Kloster geschickt, genauer: in eines seiner Unterklöster namens Ngarim Choede. Er galt, wie er noch heute mit Schmunzeln erzählt, als freundlich doch über die Maßen temperamentvoll, ja ausgelassen, was einem jungen tibetischen Novizen durchaus gut ansteht. Bis zum dreizehnten Lebensjahr studierte er die heiligen Texte und Gebete, übte sich in der Rezitation und ersten Meditationsübungen. Dann verließen die Eltern die Gegend, und er zog mit ihnen nach Phari, etwa zwanzig Tagesreisen zu Pferde entfernt. Dort gab es ein Zweigkloster des wichtigen Gaden-Klosters bei Lhasa. Migmar, der inzwischen den Klosternamen Yonten Phuntsog angenommen hatte, lebte hier bis zum siebzehnten Lebensjahr, wobei er oft auch das nahe gelegene Tomo-Kloster besuchte. Im Jahre 1934 machte er sich mit einer Gruppe von Mönchen nach Bodh Gaya auf, um an der Stätte der Erleuchtung des Buddha in Nordindien die wichtige *Tsog-Pûjâ* zu feiern. Während der Zeremonie fiel er bewußtlos um. Seine Begleiter glaubten, dieser Zustand rühre von der brennend heißen Sonne her. Man versuchte, ihn im Schatten zu kühlen. Allmählich aber wurde deutlich, daß er wie ein Besessener reagierte, und zwar über mehrere Stunden hinweg. Erstmals hatte eine göttliche Wesenheit von ihm Besitz ergriffen, ohne daß er das Ereignis schon zu deuten wußte. Spontan war es über ihn gekommen, und ebenso plötzlich kehrte er in seinen normalen Bewußtseinszustand zurück. Den Rückweg der Pilgerfahrt nahm er über Darjeeling, Kalimpong und Sikkim. Wieder und wieder fühlte er sich unwohl und wurde erneut besessen. Viele dachten, er sei unter einen bösen Zauber geraten oder von einem bösen Geist besessen, während andere glaubten, ein wirkliches göttliches Wesen benutze ihn, um sich mitzuteilen. Er wußte damals nichts von alledem und war verwirrt. Erst rückblickend kann er sagen, daß schon damals dieselbe Gottheit durch ihn sprach, deren Medium er später wurde.

»Von meinem siebzehnten bis zum einundzwanzigsten Lebensjahr wurde ich von einem solchen Geist ergriffen – obwohl die wirkliche Identifizierung des Geistes erst viel später erfolgte, wie ich noch erläutern werde. Während dieser Zeit wußte ich oft nicht, ob ich normal oder verrückt war. Unter seinem Einfluß war ich nicht einmal in der Lage, die Menschen, die mir täglich begegneten, zu erkennen. Ich konnte weder richtig sitzen noch stehen. Mit einem Wort, mein normales Leben war durch diese Einflüsse unterbrochen, und zwar vollständig. Zu dieser Zeit lebte ich im Phari Goensar Kloster. Dies ist ein Zweig des Shartse-Klosters in Gaden. Als die Erscheinungen

nicht aufhörten, unterzog mich das Gaden-Shartse Kloster bestimmten Prüfungen. Zuerst betete das gesamte Kloster unter der Leitung seiner Äbte mehrere Tage lang ohne Pause. Dann folgten intensive Prüfungen. Vorbereitungen wurden getroffen, um mich zwei Gottheiten als Medium vorzustellen. Dazu hielt man zunächst strikte Retraits ab. Und nun wandte man sich an Puti Khangsar Kuten, der als bedeutendstes Medium des göttlichen Wesens *Shugden* gilt. Verschiedene herausragende Persönlichkeiten wurden hinzugezogen, damit man herausfände, ob ich von Schutzgottheiten oder von gewöhnlichen Geistern besessen war: unter ihnen befand sich Taktra Rinpoche, von 1941-1950 Regent Tibets, ferner Reting Rinpoche, nach dem Tod des XIII. Dalai Lama im Jahre 1933 der Regent Tibets von 1934-1941, dann auch Phurbhu Chog Jampa Rinpoche vom Sera Kloster, der ehrwürdige Ling Rinpoche (1905-1983), der später der ältere Tutor des Dalai Lama wurde und zum Drepung-Kloster gehörte, und vor allem Trijang Rinpoche (1901-1982), der zum jüngeren Tutor des jetzigen Dalai Lama bestellt wurde.«
Auch Zong Rinpoche, den wir noch mehrmals in Südindien trafen und befragen konnten, war, damals bereits ein berühmter Gelehrter und Abt des Klosters Gaden, bei diesen Zeremonien zugegen. Diese Namen stehen, wie jeder Tibeter und an tibetischer Kultur Interessierte weiß, für angesehene und kundige spirituelle Meister. »Man hieß mich, Prostrationen und Mandala-Opfer vor dem Schrein Tsongkapas (1357-1419) im Gaden-Kloster, der die sterblichen Überreste des großen Reformators und Begründers von Gaden enthielt, zu vollziehen. Alle Lamas kamen nach gründlicher Analyse zu dem Schluß, daß die Geister, die von mir Besitz ergriffen, Gottheiten seien, die sich durch ein Gelübde gebunden hatten, allen Lebewesen hilfreich beizustehen. Als die Prüfungen abgeschlossen waren, trat die Vollversammlung des Gaden-Shartse Klosters in seiner Haupthalle zusammen. Ich wurde formell gebeten, das Kleid der ersten Gottheit anzulegen. In Harmonie von Körper und Geist sowie mittels verschiedener Visualisationen der Gottheit wurde diese nun eingeladen, vom neuen Medium Besitz zu ergreifen.
Als die Gottheit in mich eingetreten war, reichte man ihr drei

identische Papierstücke. Das erste trug den Namen *Gyaltsen Dorje Shugden.* Das zweite repräsentierte einen übermenschlichen Geist, und das dritte stand für ein Wesen im Zwischenzustand zwischen Tod und Wiedergeburt. Die Gottheit ergriff das Papier mit dem Namen Shugden und verschluckte es, während sie die beiden anderen Stücke fortwarf. Dann kam noch eine andere Gottheit über mich, unmittelbar nachdem die erste mich verlassen hatte. Ihr diene ich seither ebenfalls als Medium. Sie erklärte, daß sie *Setrab* heiße. Dies ist ein Wesen, das besonders eng mit dem Shartse Kloster verbunden ist. Als auch ihr drei ununterscheidbare Papierstücke vorgelegt wurden und sie dasjenige wählte, das den Namen Setrab trug, galt dies noch nicht als zureichender Beweis. Man führte noch eine andere Probe durch. In den Klöstern gibt es Räume, die besonderen göttlichen Wesenheiten geweiht sind. Dort versammeln sich Mönche, die eine besondere Initiation empfangen haben. Im *Setrab Khang* (Halle des Setrab) des Shartse Klosters wurden nun wiederum auf ununterscheidbare Papierstücke die Namen zweier Gottheiten bzw. Geister und eines Wesens im Zwischenzustand sowie mein eigener Name geschrieben. Nach sieben Tagen besonderer Vorbereitung lud man die mit dem Kloster besonders verbundenen Gottheiten erneut ein, von mir Besitz zu ergreifen. Auch diesmal verschluckten sie die Zettel, die die Namen *Shugden* (tib. *shugs ldan*) und *Setrab* (tib. *bse trab*) trugen, während die anderen Papiere weggeworfen wurden. Das ist also in Kürze die Art und Weise, wie man mich offiziell als Medium für Shugden (oder auch *Dulzin*, die friedvolle Form dieser Gottheit) und Setrab anerkannt hat.«

Die Zeit zwischen dem siebzehnten und einundzwanzigsten Lebensjahr war für den Kuten-Lama eine Zeit körperlicher und psychischer Belastung ohnegleichen. Denn vor der offiziellen Einsetzung als Medium durch die Autoritäten des Klosters wurde er von den geistigen Wesen spontan und unvorhersehbar besessen, ganz plötzlich, auch wenn er gerade mit den Verrichtungen des Alltags beschäftigt war. Er war der »Gottheit« ausgesetzt. Man nennt das *thog pheb*, plötzliches Kommen. Das Verhältnis von gewollter zu spontaner Trance ist etwa dreißig zu eins.

Er fährt in der Erzählung fort: »Nach meiner Bestätigung als Medium kamen diese spontanen Zustände zu einem natürlichen Ende durch ein Übereinkommen meiner geistlichen Meister mit den göttlichen Wesenheiten. Unter anderem gibt in einer solchen Übereinkunft die Gottheit ihr Wort, ständig verfügbar zu sein und nur dann vom Medium Besitz zu ergreifen, wenn eine Einladung ausgesprochen wird. Außerdem verspricht sie, auf jede echte und ehrliche Frage eines Bittstellers eine klare und eindeutige Antwort zu geben, und zwar unabhängig davon, ob der Bittsteller die tibetische Regierung, eine noble Privatperson, ein Kloster oder ein einfacher Bauer vom Lande ist. Aber dennoch kann unter dringenden Umständen die Gottheit vom Medium auch ohne spezifische Einladung Besitz ergreifen.

Die Form der Einladung kann verschieden sein. Normalerweise ist sie verbunden mit einem ausgefeilten Ritual in Gegenwart von Hunderten von Mönchen und Laien in der geweihten Halle eines Klosters. Aber die gleiche Einladung kann auch unter wenigen Gebeten und im Beisein des Bittstellers erfolgen, wobei das Medium sogar seine gewöhnliche Tageskleidung trägt. Der einzige Grund für das ausgedehnte Ritual ist, der Bedeutung der Gottheit gebührenden Ausdruck zu verleihen und ihr Ehrerbietung zu erweisen.«

Verantwortung für die Leidenden

»Nach meiner Bestätigung als Medium bekam ich einen neuen Namen, den Initiationsnamen, der mich mit der Gottheit unauflöslich verbindet: *Choeyang Dulzin Kuten.* Choeyang ist der Name des Klosters, in dem ich nach meiner Entdeckung als Medium zunächst mehr als zehn Jahre lang gelebt hatte. Dulzin ist der Name jenes Zeitgenossen und Schülers Tsongkapas, der die Form der Gottheit angenommen hat, und Kuten heißt Medium. Dulzin und Shugden bedeuten dasselbe: Dulzin (tib. *'dulzin*) ist der friedvolle Aspekt und Shugden (tib. *shugs ldan*) ist der zornvolle Aspekt der einen göttlichen Wesenheit, die sich uns gnadenvoll zuwendet. Das geistige Wesen Dulzin/Shugden wirkt wie eine göttliche Person, indem es Orakel gibt. Diese Gottheit ist auch verbunden mit Pa-bong-ka (tib.

Pha bong kha, 1878 bis 1941), der als einer der bedeutendsten Meister der Geluk-Schule gilt. Er war ein Zeitgenosse des XIII. Dalai Lama, und sein Einfluß kommt fast dem Tsongkapas gleich. Der schon erwähnte Trijang Rinpoche war sein Schüler. Aus diesen Sukzessionslinien, auf die wir größten Wert legen, wird deutlich, daß ein Schüler von seinem Meister nicht nur Wissen bekommt, sondern auch dessen spezifische Beziehung zu seiner Schutzgottheit ererbt. Und das ist viel wichtiger als äußerliches Wissen. Es schmiedet ein sehr inniges Band zwischen Meister und Schüler.«

Im allgemeinen wird durch das Medium eine präzise gestellte Frage auch präzise beantwortet. Im Falle des spontanen Eintritts des geistigen Wesens in das Medium heißt es in Tibet, daß sich die Gottheit so offenbart, daß der Spruch oder die Warnung, etwa in einer besonderen Gefahr, solchen Menschen zuteil wird, die auch tatsächlich über Möglichkeiten verfügen, die Dinge zu ändern und damit der Warnung zu entsprechen.

»Wie verhält es sich dann aber mit der Invasion Tibets durch China«, fragen wir. »Hätten in diesem Fall nicht auch die göttlichen Wesenheiten Warnungen geben und Unheil abwenden können?«

»Tibet ist dünn besiedelt«, antwortet der Kuten-Lama. »Auf einer riesigen Fläche leben nur etwa sechs Millionen Menschen. Die Region, die unmittelbar an China grenzt, heißt Amdo, und daran schließt sich Kham an. Viele verschiedene Stämme mit unterschiedlichen Interessen leben in diesem Gebiet. Als die Chinesen in Tibet einfielen, hatte die tibetische Regierung alle bedeutenden Orakel befragt, auch mich. Auch Klöster und einzelne Familien haben damals durch mich das Orakel gesucht. Alle gaben Hinweise auf die kommende Aggression, und zwar ohne Ausnahme. Dennoch konnte man sich nicht auf einen gemeinsamen Aktionsplan einigen. In Tibet waren leider nicht alle Menschen eines Sinnes, obwohl sie doch alle zu derselben Religion gehören. Das hat zu der Katastrophe wesentlich beigetragen.«

Während des chinesischen Einmarsches und vor dem Auszug ins Exil im Jahre 1959 waren Ratlosigkeit und Verzweiflung der tibetischen Bevölkerung besonders groß. Um zu helfen, zu trösten und

Beistand zu geben, ging Choeyang Dulzin Kuten oft bis zu zehnmal täglich in Trance, was ihn außerordentlich beanspruchte. Noch schlimmer wurden die ersten Jahre des Exils. In einem ehemaligen Strafgefangenenlager in den bengalischen Urwäldern bei Buxa Duar hatte man Tausende von Mönchen untergebracht. Die klimatischen Bedingungen waren mörderisch. Die aus dem kalten Hochland kommenden Tibeter hatten keinerlei Abwehrkräfte gegen Bakterien und Viren und waren den Moskitos und Stechfliegen hilflos ausgesetzt. Malaria, Tuberkulose, Cholera und andere Krankheiten rafften Unzählige dahin, die eigentlich dazu bestimmt gewesen waren, die tibetische Kultur in Indien lebendig zu erhalten. Unermeßliches Leid hatten diese Menschen zu ertragen, nicht wenige nahmen sich in ihrer Verzweiflung das Leben. Choeyang Dulzin Kuten harrte bei den Leidenden aus. Angebote, nach Europa oder Amerika zu gehen, lehnte er mehrmals ab. Sein Platz als Orakel sei bei den Mönchen seines Klosters; ihnen zu helfen und beizustehen, sei seine Aufgabe gewesen. Und so lebte er zehn Jahre an diesem Ort. Erst als im Jahre 1970 bei Mundgod im südindischen Karnataka Gaden und Drepung neu gegründet werden sollten[34], ging er mit etwa sechshundert Mönchen dorthin und lebt bis heute, fast achtzigjährig, in ihrer Mitte. Beinahe täglich geht er in Trance, um Tibetern und Ausländern mit Rat und Tat zur Seite zu stehen. Korrespondenz verbindet ihn mit ehemaligen und zukünftigen Bittstellern – sie geht in viele Länder. Der Kuten-Lama lebt in einer bescheidenen Hütte. Doch immer, wenn wir ihn besuchten, bot er uns und vor allem den Kindern Tee und Süßigkeiten an. Alle Ehrungen verweist er an seine Gottheit *Shugden* weiter, so daß er endlich nach langem Sammeln einen kleinen Tempel bauen konnte, in dem neben *Shugden* Statuen von Buddha Shâkyamuni und Tsongkapa stehen.

Er fühlt sich verantwortlich für seine tibetischen Landsleute, im spirituellen wie im weltlichen Sinn. So hat er drei Jahre lang auch in der Kooperative der Lamas und zwei Jahre im Komitee für tibetische Unabhängigkeit gewirkt. Auch in wirtschaftlichen Fragen ist sein Rat gefragt, und im Jahre 1979 erhielt er dafür vom Indischen Siedlungsbüro eine Auszeichnung.

Der Kuten Lama (s. Abb. S. 133) sagt, er sei ein gewöhnlicher Mensch, mit Fehlern und Schwierigkeiten wie jeder andere. Er betet täglich, daß er sein Heimatland Tibet wiedersehen darf. Tiefster Wunsch ist ihm, daß Tibet noch zu Lebzeiten des jetzigen Dalai Lama die volle Unabhängigkeit wiedererlangen kann. Um seinen Mund und seine Augen hat sich die Verantwortung tief eingegraben, die er seit Jahrzehnten trägt. Leid und ungewöhnliches Wissen sprechen aus diesem Gesicht. Er hat Tieferes gesehen und lebt daraus – für andere.

c) Hierarchie der geistigen Wesen

Die Anzahl geistiger Ebenen und Bewußtseinskräfte jenseits des normalen menschlichen Tagesbewußtseins ist für die tibetischen Buddhisten unermeßlich. Wie wir schon erläuterten, werden diese Bewußtseinsenergien als personale Kräfte erfahren, die gnadenhaft in die Welt der Menschen eingreifen und auf dem Weg zur vollendeten Buddhaschaft Schutz und Beistand gewähren. Die Bewußtseinskräfte oder -ebenen, die, als göttliche Wesenheiten oder »Gottheiten« angeschaut, das tibetische Pantheon ausmachen, werden auf Grund ihrer Subtilität voneinander unterschieden. Je subtiler sie sind, desto größer ist ihre »Reichweite« und Bedeutung.
Stark verallgemeinernd kann man von vier Gruppen sprechen:

1. Unfreie Geistwesen, die keine Kontrolle über sich selbst haben auf Grund schlechter karmischer Bedingungen. Das können zum Beispiel Wesen sein, die eines gewaltsamen Todes gestorben sind. Sie wandern rastlos umher auf der Suche nach Wiedergeburt und können in das Bewußtsein eines lebenden Menschen eindringen. Sie fordern Tieropfer (wie etwa Hühner) zu ihrer Besänftigung, was allein schon Grund genug ist, ihnen den niedrigsten Rang zuzuweisen: ein buddhistischer Lama wird diese Forderung nie erfüllen, sondern den Wesen mit Gebeten beistehen. Sie sind nicht hilfreich, sondern bedürfen der Hilfe.
2. Wesen im feinstofflich-psychischen Bereich, die in unterschied-

lichem Grade frei über sich selbst verfügen können. Sie bedienen sich eines Mediums, um für die Menschen hilfreich zu sein.
3. Geistkontinua von Bodhisattvas, die auf dem Weg zur Buddhaschaft weit fortgeschritten sind. Es handelt sich um die geistigen Potentiale von historisch feststellbaren Meistern der Vergangenheit, die nun auf tieferen geistigen Ebenen weiter wirken. Sie stehen jenseits unserer raum-zeitlichen Bedingungen, sind also frei, befinden sich aber in diesem Universum. Deshalb können sie durch ein Medium segensreich wirken.
4. Geistige Wesen von höchster Vollendung, die sich jenseits unseres Universums befinden und deshalb nicht in ein Medium eingehen.
Als wir Choeyang Dulzin Kuten nach dem Charakter der geistigen Kontinua und dem philosophischen Verständnis der göttlichen Wesenheiten überhaupt fragten, zögerte er zunächst. Daß es sich in seinem Fall um Wesen der dritten Kategorie handelt, war nicht schwer zu erschließen, aber die Konsequenzen seiner geistigen Erfahrung für das Verständnis von Religion und Welt, ja für das Wesen des Menschseins aufzuzeigen, scheute er sich, denn diese Dinge trägt man nicht zu Markte. Nachdem aber das Vertrauen durch die Gemeinschaft im Shantivanam-Ashram gewachsen war und wir lange schweigend unter dem aus Bambus und Palmenwedeln geflochtenen Dach der Meditationshalle gesessen hatten, die sich kreisrund um das Bild des Christus im Meditationssitz ordnet, fing er behutsam zu sprechen an:

Helfer auf dem Weg zum Heil

»Weder bin ich Tibetologe noch besitze ich die Anerkennung als inkarnierter Lama. Zuallererst bin ich Tibeter, und dann auch das Medium für eine Gottheit, die Beschützer der Religionen ist. Allein deswegen empfinde ich es als meine Pflicht, über das zu sprechen, was ich über die Beziehung von Bewußtsein und Religion weiß. Das Wesen wahrer Religiosität ist, ruhig, liebevoll und hilfreich zu sein, ein freundliches Gemüt zu haben und demütig zu dienen. Ob man an Reinkarnation oder ein ewiges Leben im Himmel glaubt, ist zweitrangig. Was zählt, ist der Glaube an ein zukünftiges Leben und daran, daß das, was wir *jetzt* sind und tun, unendliche Bedeutung hat. In Tibet gibt es ein Sprichwort, das auf den Buddha selbst zurückgeführt wird: ›Enthalte dich schlechter Handlungen, stelle dich heilsamen Taten zur Verfügung, meistere deinen Geist – das ist die Lehre des Buddha!‹ In diesen Worten also ist das Wesen des Buddhismus zusammengefaßt.

Wenn wir tief genug nachdenken, wird klar, daß Religion nicht identisch ist mit den Schriften, die wir lesen, mit den Bildern und Statuen, die wir in unseren Klöstern aufstellen, oder mit Tempeln und Institutionen. Religion ist vielmehr etwas, das viel inniger mit unserem Geist und unserer Person zusammenhängt. Im Grunde der religiösen Erfahrung sollte ein Mensch fähig sein, mit einem anderen den Platz zu tauschen und dadurch des anderen Leid, Wünsche und Hoffnungen von innen zu verstehen. Dadurch kann man begreifen, wie dieser Person am besten geholfen werden kann. Der Buddhismus lehrt, daß keiner von Anfang an vollkommen ist. Jeder Heilbringer, auch der historische Buddha, war einmal ein Mensch wie wir. Aber durch Übung, durch ganzheitliche Entwicklung der Persönlichkeit und des Verhaltens, konnten diese Meister den Geist so reinigen, daß sie schließlich zur Erleuchtung gelangt sind. Sie haben eine Ebene des Bewußtseins erreicht, wo es keine Grenze der Weisheit mehr gibt. Die Vollendeten sind fähig, durch die drei Zeiten Vergangenheit, Gegenwart und Zukunft hindurchzublicken und die zehn Richtungen gleichzeitig zu überschauen. Dieser Geisteszustand wird durch nichts getrübt. Dies ist das letzte Stadium der Vollkommenheit, das von jedem Lebewesen dieser Welt erreicht werden kann, von jedem. Die Buddhas haben diesen Grad der Vollkommenheit erlangt durch Güte, grenzenlose heilende Hinwendung zu allen Wesen, Entwicklung der Fähigkeit, mit anderen den Platz zu tauschen und von daher zu wissen, was am besten für die große Zahl der Lebewesen sei. Auf Grund dieser Hinwendung und Sympathie blieb der Buddha nach seiner Erleuchtung ein gewöhnlicher Mensch und führte ein normales Leben, damit er Gelegenheit hätte, mit seinen Zeitgenossen in Gemeinschaft zu treten, um ihnen zu helfen.

Im gegenwärtigen Zeitalter gibt es tausend Buddhas, die kommen, gekommen sind und wiederkehren, um alle Lebewesen zu befreien. Der historische Buddha Shâkyamuni ist der vierte in dieser Reihe. Während der Lebenszeit dieser Buddhas kommen Menschen zur Erleuchtung und werden dadurch ebenfalls zu Rettern der Menschheit. Einige von ihnen gehen direkt ins Nirvâna ein, während andere den Dharma gemäß dem Sûtrayâna lehren. Andere wiederum lehren das Tantrayâna. Dies ist der gleiche Dharma, aber eine andere Methode, die der Buddha Shâkyamuni zur vollständigen Befreiung vom Leiden empfohlen hat. Für eine umfassende geistige Praxis der Lehre des Buddha sind diese beiden Aspekte des Weges unabdingbar. Sie komplementieren einander. Da der große Meister selbst den einen Pfad unter zwei Aspekten gelehrt hat, gilt dies auch für den Schüler, so meine ich, der beide inkorporieren sollte, um so von größerem Nutzen für andere zu sein. Aber auch für den Übenden gilt, daß er schneller zum Ziel kommt, wenn er den Pfad vollständig in beiden Aspekten geht.

Die Methoden, die im Tantrayâna gebraucht werden, sind als dynamisches Mittel für die geistige Verwirklichung einzigartig. Sie sind umfassender, und dennoch führen sie schneller zum Ziel. Sûtrayâna komplementiert diesen überaus komplexen Pfad, indem es den notwendigen Hintergrund vermittelt, auf dem der Tantra-Weg erst Bedeutung gewinnt. In der Praxis des Sûtrayâna ist der Meditierende gleichzeitig ein Gelehrter, der in der Lage ist, auch andere zu unterrichten. Wer im Buddhismus ein Gelehrter sein will, muß die Lehre makellos predigen und die Voraussetzungen, Einstellungen und Verhaltensweisen der Hörerschaft richtig einschätzen können, damit ein jeder von der Predigt den größtmöglichen Nutzen empfängt. Er muß sensibel sein für das Wohlergehen der Gesellschaft, in der er lebt. Er sollte nie für Unruhe, die den Frieden in der Gesellschaft stört, mitverantwortlich werden. Diese Qualitäten müssen in täglicher Praxis eingeübt werden.

Letztlich hängt alles, was wir unternehmen, an der inneren Einstellung. Wer eine klare Geisteshaltung hat, wer eine freundliche und mitfühlende Natur kultiviert, dem wird bei jedem Unternehmen und

jeder Begegnung mit anderen Harmonie widerfahren. Dies bestimmt auch die Praxis des Geistestrainings. Dazu haben die Schüler des Meisters *Atîsha* (982-1054) folgendes gesagt: ›Überlaß Profit und Sieg den anderen. Dir selbst behalte Verlust und Niederlage vor.‹ Dadurch entsteht innerer Frieden, und nur so wird die Ursache von Konflikten überwunden. Letztlich kann man alle Lehren des Buddha so zusammenfassen: Freundlichkeit und Mitleiden mit anderen. Aber ›Mitleiden‹ ist zu schwach ausgedrückt – das buddhistische Wort *karunâ* meint auch die aktive Solidarität mit allen Wesen. Ohne Freundlichkeit kann letztlich kein Lehrer bei seinen Schülern Wirkung hinterlassen. Was nicht durch heilende Hinwendung und Liebe motiviert ist, kann auch nicht als echte religiöse Handlung gelten.
Auf dem Weg zur Vollendung stehen uns aber nicht nur Menschen und Bodhisattvas in Menschengestalt bei, sondern auch sehr hochentwickelte Wesen im geistigen Kontinuum, die ihre heilenden Bewußtseinskräfte aus Freundlichkeit und Gnade zu uns hinabstrahlen. Das sind die göttlichen Wesen oder Gottheiten, die durch Medien sprechen können. Einer Schutzgottheit, die sich in Liebe um alle Lebewesen sorgt, kann man vertrauen, ganz gleich, welchem Volk oder welcher Religion man selbst angehört. Sie wird Hilfe und Schutz in Not gewähren, für jeden und überall im Leben. Solch eine Gottheit kann auch schreckenerregend und furchtbar in ihrer Macht erscheinen, aber immer aus Liebe und in heilender Hinwendung.«

Unterscheidung der Geister

»Die Geschichte und das Wesen einer Gottheit zu erklären, ist nicht die Aufgabe eines Mediums dieser Gottheit, sondern gelehrter Meister, die dieser Dinge kundig sind. Dies gilt auch für philosophische Probleme wie der Frage nach der Beziehung von Materie und Bewußtsein, dem Platz der Religionen im täglichen Leben und vieles mehr. Diese Fragen sind so wichtig, daß sie eine sehr genaue Antwort verdienen. Man muß diesbezüglich die großen lebenden spirituellen Meister befragen, allen voran den bedeutendsten tibetischen Meister und Gelehrten, Seine Heiligkeit den Dalai Lama. Ein einziger Kommentar von ihm eröffnet hundert neue Einsichten in diese Dinge!

Ich kann nur von meiner eigenen Erfahrung sprechen, und soviel kann ich guten Gewissens bezeugen: Alle Geistwesen, die in einen menschlichen Körper eintreten, verfolgen einen ganz bestimmten Zweck. Auch einige niedrige geistige Wesen sind offensichtlich in der Lage, Hilfe und Heilung zu bringen. Sie verlangen dann allerdings ein Opfer, und meist wird ein Tier geschlachtet. Aber das zeigt nur, daß es sich um niedrige Wesen handelt, denn sie sind nicht von unbedingter Liebe und Hingabe beseelt: um den Wunsch eines Lebewesens zu erfüllen, erfreuen sie sich am Leid eines anderen. Solche Geister sind keine göttlichen Wesenheiten. Sie sind Gegenstand unseres Mitleids, unserer Liebe und unseres Gebetes, damit sie in einer besseren Form wiedergeboren werden mögen. Der wissende Meister versteht diese Zusammenhänge und kann ihnen helfen. Für die Schutzgottheiten wären solche Opfer nicht nur sinnlos, sondern sie sind verboten, denn am Leid eines anderen Wesens können sie niemals Gefallen finden. Das ist der Hauptunterschied zwischen niederen geistigen Wesen und Schutzgottheiten.

Die Mehrheit der geistigen Wesen, die von Menschen Besitz ergreifen, sind aber bloß Manifestationen solcher Personen, die unter tragischen Umständen, und das heißt unter Ängsten, die karmische Auswirkung haben, gestorben sind. Ich möchte dazu eine Geschichte erzählen:

Zwischen Sikkim und Siliguri in Westbengalen gibt es ein Dorf namens Shingdang Rongphu. Dort gruben Arbeiter einen Tunnel in den Berg. Durch Nachlässigkeit brach der unvollendete Stollen ein, wobei über einhundert Menschen verschüttet wurden und starben. Während der drei folgenden Tage hörten die Leute in der Umgebung, daß die Namen von Ehefrauen, Ehemännern, Kindern, Müttern und Vätern der Unglücksopfer gerufen wurden. In Shingdang Rongphu wachsen Orangen, die von guter Qualität sind. Nach der Tragödie brauchten die Leute keine Wächter in ihren Plantagen – ein Dieb, der sich heimlich bedient hatte, wurde nämlich innerhalb zweier Tage krank. Er war von einem Geist besessen, der ihn des

Diebstahls anklagte. Einige Früchte wurden in die Grenzregionen Tibets exportiert. Hier ereignete sich dasselbe, und zwar ohne daß die Betroffenen den Zusammenhang kannten. Aus solchen Ereignissen läßt sich folgern, daß viele Menschen, die eines gewaltsamen Todes sterben – sei es durch Naturkatastrophen, durch Mord und Selbstmord –, als umherirrende Geister wiedergeboren werden.

Es gibt geistige Wesenheiten, die in der Lage sind, den Lebewesen zu helfen, und es gibt andere, die keine Wahlfreiheit über ihr eigenes Schicksal haben, geschweige denn, daß sie anderen nützlich sein könnten. Wir beobachten auch solche Wesen, die einfach als unvollendete Wiedergeburt eines gewöhnlichen Menschen zu betrachten sind, der aus karmischen Gründen nicht in der Lage war, eine menschliche Wiedergeburt zu erlangen. Dies alles zeigt, daß eine endgültige Klassifikation der geistigen Wesenheiten nicht immer ohne weiteres möglich ist.

Im Falle der höheren, mächtigen Wesen, die sich des menschlichen Mediums bedienen, ist das Wort ›Gottheit‹ angebracht. Einige von ihnen haben unsere Welt des Leidens bereits überwunden, sie stehen jenseits dessen, was wir gewöhnlich ›Wesen‹ oder ›Lebewesen‹ nennen. Viele von ihnen nehmen äußerlich die Form einer ›wehrhaften Gottheit‹ an, das heißt sie erscheinen als eine Art von Engelwesen, das sich dem Kreislauf von Geburt, Tod und Wiedergeburt willentlich unterzieht. Sie tun dies, damit sie anderen Lebewesen nahe sein und ihnen helfen können. Denn nur in dieser raum-zeitlichen Form können sie in ein menschliches Medium eingehen. Ihre eigentliche Gestalt hingegen ist völlig transzendent.

Es gibt nun noch einen anderen wichtigen Unterschied zwischen einer solchen Gottheit und einem gewöhnlichen Geistwesen, obwohl beide durchaus Orakel geben können. Für ein gewöhnliches Geistwesen ist ein solch ausgefeilter Test, wie ich ihn beschrieben habe, nicht nötig, und das Medium kann sich von diesem Geistwesen jederzeit trennen. Im Falle der universalen Gottheiten kann man das nicht tun. Wenn man einmal als Medium eingesetzt worden ist, erscheint die Gottheit immer dann, wenn sie eingeladen wird, solange das Medium lebt. Ein interessantes Detail kommt hinzu: Bevor ich eingesetzt wurde, fragte der schon erwähnte Taktra Rinpoche die Gottheit, ob die durch mich übertragenen Orakel zum Wohl für alle Lebewesen und für die Lehre des Buddha gereichen würden. Erst nach der Bejahung dieser Fragen wurde ich zum Medium eingesetzt.«

Es ist also wichtig, zwischen einem wirklichen göttlichen Wesen und einem gewöhnlichen Geist zu unterscheiden. Die bloße Tatsache, daß eine geistige Kraft von einem Medium Besitz ergreift, besagt noch nichts über deren Charakter. Wie bereits erwähnt, sind ja nach tibetischer Vorstellung Menschen, die übermäßig an ihrem Besitz, ihren Freunden oder ihren Kindern hängen, und auch solche, die unter tragischen Umständen sterben, nicht in der Lage, den Körper ohne Qual und karmische Bürde zu verlassen, weil diese Faktoren einen starken Eindruck in ihrem geistigen Kontinuum hinterlassen. Die Folge davon ist eine Wiedergeburt als umherirrendes Geistwesen.

Die echten göttlichen Wesen hingegen verfügen über einen freien Willen, bestimmen ihr Schicksal und bedienen sich eines menschlichen Mediums. Sie sind mit geistiger Macht ausgestattet und können deshalb auf vielfältige Weise Hilfe bringen.

»Ja, einer solchen Gottheit gebührt Verehrung«, fährt der Kuten Lama fort. »Ein derartiges geistiges Wesen heißt *choesung*, Beschützer der Religion, oder einfach *sungma*, Schützer. Manchmal manifestieren sie vor allem ihre körperlichen Aspekte und damit verbundene Handlungen, dann heißt dies *ku yi trulpa* (tib. *sku yi sprulpa*). Wirkt die Gottheit vornehmlich durch ihre Manifestation von Sprache, nennt man diese *sung gi trulpa* (tib. *gsung gi sprulpa*). Wirkt vor allem die geistige Kraft in ihrem manifesten Aspekt, sprechen wir von *thug gyi trulpa* (tib. *thugs gyi sprulpa*). Manifestiert die Gottheit besonders die Aspekte ihrer spirituellen Vervollkommnung und Vollendung, heißt dies *yontan gyi trulpa* (tib. *yontan gyi sprulpa*). Die fünfte Art der Manifestation ist die Manifestation des gnadenhaften Handelns (tib. *'phrin las*). Wenn die Gottheiten mit ihrer Gnade an allen Lebewesen handeln, sprechen wir von *trinlay kyi trulpa* (tib. *'phrin las kyi sprulpa*).

Man unterscheidet vier Wirkungsformen des gnadenhaften Handelns: 1. Gnade, die Leiden, Hindernisse und Fehler überwinden hilft (tib. *zhi ba'i las*); 2. Gnade, die Glückseligkeit und Segen vermehrt (tib. *rgyas pa'i las*), die also vor allem geistige Erfahrung und Reife vertieft; 3. Gnade in der Form machtvollen Wirkens (tib. *dbang gi las*), indem die bittende Person mit Vollmacht und geistiger Autorität ausgestattet wird; 4. Die letzte Kategorie des gnadenhaften Handelns, in der sich die helfende und heilende Macht der Gottheiten auf radikale und heftige Weise offenbart (tib. *drag po'i las*), ist die zornvolle Macht. Dies steht in Beziehung zu der Beseitigung von Übel, und es ist eine radikale Lösung der Probleme des Bösen. Es ist das letzte Mittel, das eine Gottheit anwenden kann, um solche Elemente und Mächte zu besiegen, die den Frieden und die Sicherheit von Menschen und religiösen Institutionen stören. Dies können wir mit einem Arzt vergleichen, der das kranke Organ erst dann durch Operation entfernt, wenn verschiedene Pillen mit unterschiedlichem Wirkungsgrad den Patienten nicht heilen konnten. Die zornvolle Zerstörung eines Widersachers oder einer negativen Kraft ist aber nichts als liebendes Mitleid in anderer Form. Der Zorn ist eine Form der Gnade, und die Zerstörung ist ein Segen für besseren Neubeginn. In Wahrheit ist auch die zornvolle Gottheit ein von Liebe erfüllter Bodhisattva, der Mitleid und Solidarität mit allen Wesen übt. Durch Zerstörung, die ja nur Teil eines viel umfassenderen Prozesses ist, transformiert die Gottheit eine solche Person in einen höheren Wirklichkeitsbereich.

In welcher Form und mit welchem Mittel die Gottheit auch wirkt, Menschen können sie mit ihren Vorurteilen und ichhaften Wünschen nicht manipulieren. Die eine Gottheit, deren Medium ich bin, heißt in ihrem friedvollen Aspekt *Dulzin* (tib. *'dulzin*), in ihrem zornvollen Aspekt *Shugden* (tib. *shugs ldan*). Die andere durch mich wirkende Gottheit ist *Setrap* (tib. *bse trab*). Sie ist eine macht- und zornvolle Manifestationsform der Gnade des Buddha Amitâbha und gilt als Hauptschutzgottheit des Gaden Shartse Klosters, in dem ich lebe.

Die Gottheiten existieren universal, und zwar über Länder- und Religionsgrenzen hinweg. Sie werden auch Ihnen helfen, wenn Sie sich ihnen ehrlichen Herzens und mit selbstloser Motivation anvertrauen.«

d) Erfahrung des Mediums

Grundsätzlich kann jeder Mensch zum Medium werden. Der soziale Hintergrund der betreffenden Person spielt keine Rolle. Es gibt männliche wie weibliche Medien. Zwischen den Medien und der Gottheit besteht meist eine lange Beziehung, die schon im vorigen Leben wurzeln kann. Anfangs tritt die Gottheit fast immer spontan ein, während durch Initiation und Training die Trancen vom Medium kontrollierbar werden. Wegen der Bedeutung der karmischen Beziehung zwischen Gottheit und Medium ist es also nicht möglich, daß jeder Mensch ohne weiteres die Ausübung des Orakels »erlernen« könnte.
Es gibt Orakel, die regelmäßig gegeben werden, wie das berühmte Nechung-Orakel, über das wir bereits berichtet haben. Andere Orakel treten nur gelegentlich auf. Manche sind mit wichtigen Klöstern verbunden, während andere mit bestimmten geistigen Meistern verknüpft sind.

Die Gottheit und ihr Medium

»Lassen Sie mich von meiner persönlichen Erfahrung als Medium sprechen«, fährt nun der Lama fort, als es schon Abend wird und die Sonne glutrot hinter den Mango-Bäumen, die das Gelände des Ashrams zum Kaveri-Fluß hin begrenzen, versinkt.
»Die Gottheit, der ich diene, heißt *Dorje Shugden*, wie ich bereits sagte. Es ist mir nicht erlaubt, über die Natur der Gottheit im einzelnen zu reden. Sie ist jedenfalls die Verkörperung von Dulzin Dragpa Gyaltsen, eines Zeitgenossen Tsongkapas. Als einer der bedeutendsten Schüler dieses berühmten Philosophen und Reformators war er

selbst ein außerordentlicher Gelehrter seiner Zeit. Gegenüber seinem Meister Tsongkapa gelobte Dulzin, daß er helfen würde, die Lehre für die Nachwelt zu bewahren und zu schützen, und zwar in der zornvollen Form einer mächtigen Gottheit. Die weitere Geschichte von Shugden, seine Macht als religiöser Wächter und seine Taten sind in allen Schulen des tibetischen Buddhismus bekannt.

Zwischen der Gottheit, den geistigen Meistern, dem Medium und den Menschen, die um ein Orakel dieser Gottheit bitten, besteht eine sehr enge Beziehung. Diese Leute gelten als *lhadag*, als Eigentümer der Gottheit und des Mediums. Darum ist es in Tibet auch Sitte, daß man jährlich drei Feste feiert, bei denen das Medium mit allen, denen es ein Orakel gegeben hat, zusammenkommt. Man feiert tagelang in ausgelassener Freude. Bei dieser Gelegenheit werden der Gottheit natürlich reiche Opfer dargebracht. Bei uns etwa wird die Lokalgottheit mit Opfern, Liedern und Volkstänzen vom ganzen Dorf geehrt. In den Klöstern hingegen werden diese Feste sehr feierlich zelebriert. Die gesamte Mönchsgemeinschaft versammelt sich. Man dankt der Gottheit für ihre Dienste und bittet die göttlichen Wesen um Vergebung alles Bösen, das die Leute wissentlich oder unwissentlich begangen haben. Die Gebete schließen mit der Bitte um weiteren Schutz und Beistand in der Zukunft. Das ist ein großartiges Ritual. Das Medium sitzt im vollen Ornat der Gottheit inmitten einer großen Zahl von Mönchen. Verschiedene Arten von Speisen werden auf Tischen angerichtet. Früchte dürfen nicht fehlen. Die besten Dinge werden ausgewählt, um der Dankbarkeit Ausdruck zu verleihen. Die besten Gaben werden der eigenen Schutzgottheit dargebracht, wenn man auch gegenüber allen anderen Gottheiten mit gleicher Hingabe erfüllt ist. Gelegentlich offenbart die Gottheit ihrem Schützling, daß die besondere Beziehung beider schon im vorigen Leben bestanden hat und daß dies die spezifische Affinität zwischen beiden erklärt. Menschen, die einander schon bekannt sind, werden ihre Beziehung leichter vertiefen können als solche, die einander noch völlig fremd sind, und so ist es auch zwischen der Gottheit und den Menschen. Wenn eine Gottheit mit uns vertraut ist, wird sie effektiver Hilfe leisten können.

Da in meinem Fall das Gaden-Kloster Prüfung, Anerkennung und Vertragsbindung der Gottheit und des Mediums vollzogen hat, gilt es als Eigentümer oder *lhadag* der beiden Gottheiten Setrab und Dorje Shugden. Eine Gottheit kann aber auch mehrere Eigentümer haben. Das hängt an ihrer Natur, und manchmal gilt eine Familie, manchmal ein Kloster, ein Dorf oder ganz Tibet als *lhadag*.
Ein Medium steht durch die fortwährenden Trancen unter hohen psychischen und körperlichen Belastungen. Deshalb ist die Lebenserwartung des Kuten oft nicht sehr hoch, er wird kaum einhundert Jahre alt. Wenn also ein Medium stirbt, besonders im Kloster, wird die Gottheit sofort von einem anderen Mönch Besitz ergreifen. Dieselben Symptome sind nun wieder zu beobachten: Störung der Persönlichkeit, plötzliches Überfallenwerden usw., bis ein neuer »Vertrag« zwischen der Gottheit und dem Kloster geschlossen ist.
Das Medium ist ein normaler Mensch, mit allen menschlichen Fehlern und Schwächen. Er weiß vorher nicht, ob ein Bittsteller wirklich mit einer echten Frage und aus guter Motivation kommt. Aber die Gottheit, die durch ihn spricht, weiß es. Sollte die Frage des Bittstellers nur eine Art Test sein, wird die Gottheit entsprechend antworten. Nur eine echte Frage, die aus wahrhaftigem Herzen kommt, wird eine präzise und hilfreiche Antwort finden.«

Trance

»Normalerweise tritt ein Bittsteller, der ein Orakel hören möchte, zwei bis drei Tage vor dem gewünschten Termin an das Medium heran. Denn die Riten zur äußeren und inneren Reinigung des Mediums dauern gewöhnlich zwei Tage. Im Falle schwerer Krankheit oder bei Durchreisenden kann das Orakel aber auch am selben Tag gegeben werden. Die minimale Vorbereitungszeit beträgt eine Stunde. Im Falle höherer Gottheiten bereitet sich das Medium auch mittels geeigneter Diät vor, es darf kein Fleisch anrühren, auch keine Zwiebel und andere verbotene Nahrung. Das Medium muß in bester körperlicher Verfassung sein. Das hat auch damit zu tun, daß die Gottheiten und höheren Geistwesen ihrer Natur nach als rein gelten.

Bis zu acht oder neun Assistenten können dem Medium zur Seite stehen. Ihre Aufgabe erstreckt sich von der Einladung der Gottheit bis hin zu dem Moment, da die Gottheit in das Medium eintritt. Es genügen aber auch zwei Assistenten, wenn die Zeremonie nicht so ausgedehnt ist. Zuerst spricht das Medium Gebete an die Gottheit, die vor allem um die Bitte kreisen, daß das Orakel klar und für den Bittsteller hilfreich sein möge. Die Rezitationen werden von einer kleinen Handtrommel (skt. *damaru*), die der Lama selbst schwingt, begleitet. Der Duft von weißen Räucherstäbchen scheint ideale Bedingungen dafür zu schaffen, daß das Medium von der Gottheit ergriffen wird.

Bevor das geschieht, muß das Medium zuerst seine Motivation klären. Mit Opfergaben an die Gottheit betet es, daß die Aufgabe des medialen Wirkens in Übereinstimmung mit der Lehre des Buddha ausgerichtet werde und daß das Glück der betroffenen Wesen vermehrt werden möge.

Erscheint die Gottheit in ihrem zornvollen Aspekt, trägt das Medium alle Kleider und Insignien dieser Form, sucht man aber die Gottheit in ihrer friedvollen Gestalt auf – und das ist meistens der Fall –, so trägt das Medium die Robe eines hohen Lamas der Geluk-Tradition. Bevor das Medium den Thron der Gottheit besteigt, visualisiert es sich selbst nach der üblichen Kerim-Methode (tib. *bskyed rim*) als das *ngontok* der Gottheit und segnet den Thron, um Störungen während der Trance auszuschließen. Das *ngontok* ist die Gesamtheit der Attribute der Gottheit: physische Erscheinung, Stimme und geistige Eigenschaften. Das Medium nimmt durch die visualisierende Identifikation subtil-stofflich den Körper, die Stimme und das Bewußtsein der Gottheit an. In meinem Fall visualisiert der Kuten den zukünftigen Buddha Maitreya im Tushita-Himmel (skt. *tushita*). Unter seinem Thron kommt Tsongkapa hervor, und in diesem erscheint die Schutzgottheit Setrab bzw. Dorje Shugden, die das Medium nun bittet, vollständig von seinem Körper, Rede und Geist Besitz zu ergreifen. Die Fähigkeit des Mediums, diese Identifikation vollständig zu vollziehen, hat entscheidende Bedeutung für die Effektivität, Klarheit und Verständlichkeit des Orakels. Andernfalls würde ja nur eine gewöhnliche Person auf dem Thron sitzen. Die Qualität des Alltagslebens des Mediums, das Maß der Hingabe für andere, Bildung, natürliche Veranlagungen usw. beeinflussen die Qualität des Orakels, das durch das Medium gegeben wird. Ist ein Medium von egoistischen Motiven getrieben, kann es kein präzises Orakel geben, während eine reine und mitmenschliche Motivation des Mediums hilft, ein klares Orakel zu erzielen, da ja dann alle verdunkelnden Projektionen wegfallen.

Wir kommen nun zur Erörterung des Zustandes, in dem die Gottheit vom Medium Besitz ergreift. Wenn die Gottheit unter Gebeten eingeladen und visualisiert worden ist, steigt sie genau in dem Moment in das Medium herab, da das Gebet auf dem Höhepunkt der Einladung angekommen ist. Zuerst beginnen die Füße des Mediums zu zittern. Daraus schließt ein unerfahrener Beobachter, daß die Gottheit durch die Füße eingeht und dann aufsteigt. Manchmal aber beginnt das Medium, den Kopf hin und her zu schwingen. Daraus schließen andere, die Gottheit trete durch den Kopf ein und bewege sich dann abwärts. In Wirklichkeit aber tritt die Gottheit durch einen der Meridiane (subtile Nervenbahnen) des Mediums in den Körper ein, und zwar oft durch die Schädelkrone oder den Ringfinger. Dieser gilt als besonders rein, und darum verbindet man ihn, wenn man verhindern will, daß die Gottheit in das Medium eintritt. Ohne Vermittlung durch die Meridiane könnten die göttlichen Kräfte nicht in den Körper eintreten.

Von dem Moment des Eintritts der Gottheit bis zum Ende des Orakels verliert das Medium jedes Eigenbewußtsein. Ich kann nicht sagen, wo mein Bewußtsein während des Orakels ist – im Himmel, untergetaucht oder sonstwo? Ich weiß es nicht. Es ist aber klar, daß das Bewußtsein des Mediums nicht aufhört zu existieren, es wird vielmehr vollkommen vom Bewußtsein der Gottheit bestimmt. Im Moment des Eintritts bin ich noch vollbewußt. Dann habe ich das Gefühl, als würden mir alle Nerven zersprengt. Sie sind aus ihrem normalen Funktionsverlauf herausgerissen. Danach empfinde ich, daß mein Körper nicht in seinem normalen Zustand ist, sondern in eine zunehmende Unausgewogenheit, ja in eine Bodenlosigkeit, sinkt. Und schließlich ist der Verstand des Mediums vollständig ausgeschaltet: ich bin mir meiner in keiner Weise mehr bewußt. Aber dennoch erfahre ich während der Trance eine unbeschreibliche Glückseligkeit. Ich kann nicht aus eigenem Willen in diesem Zustand verweilen, denn es ist allein die Gottheit, die an und in mir handelt. Dies ist der große Unterschied zu tiefen Bewußtseinserfahrungen, die durch Meditation möglich werden, denn hier bestimmt der Meditierende, wann der veränderte Bewußtseinszustand aufgehoben wird.

Die Trance endet, wenn die Gottheit den Körper gemäß ihrem eigenen Willen verläßt. Das geschieht gewöhnlich, wenn alle Fragen, die der Gottheit vorgehalten wurden, präzise beantwortet sind. Selbst nachdem die Trance vorbei ist, kann sich der Kuten nicht erinnern, er behält nicht einmal das kleinste Ereignis, das während der Trance stattgefunden hat, im Gedächtnis. Das bedeutet, daß die Gottheit vollständig von ihm Besitz ergriffen hatte. Kann das Medium Ereignisse, die vielleicht während der Trance im Raum stattgefunden haben, erinnern, so hatte die Gottheit das Medium mit Sicherheit nicht vollständig ergriffen. Das muß man beobachten und bedenken, denn daran hängen Brauchbarkeit und Verläßlichkeit eines Orakels. Aus diesem Grunde muß das Medium immer wieder den oben beschriebenen rigorosen Prüfungen unterzogen werden, so daß Fehler ausgeschlossen werden. Denn die Menschen haben ja großes Vertrauen in seine Verläßlichkeit, wenn einmal die offizielle Anerkennung als Medium ausgesprochen worden ist. Dieses Vertrauen darf nicht enttäuscht werden. Ich habe während der vielen Jahre meiner Funktion als Orakel nicht einen einzigen Bericht erhalten, daß das Orakel nicht den Nagel auf den Kopf getroffen hätte oder daß sich die Dinge nicht ereignet hätten, so wie sie im Orakel vorgezeichnet waren.

Es sind oft sechs Fragen, die während der Trance vorgebracht werden. Anfangs bezieht sich die Gottheit genau auf die Fragen in der entsprechenden Reihenfolge, sie kann aber später noch eigene zusätzliche Hinweise geben. Die Gottheit, die durch mich spricht, antwortet gewöhnlich in Versform. Diese Verse zeichnen sich durch poetische Schönheit, literarische Qualität und Stil aus. Sie sind akkurat und ermangeln keineswegs der philosophischen Tiefe. Die Verse fließen ununterbrochen und in großer Geschwindigkeit. Dies ist ein anderes untrügliches Zeichen dafür, daß die Gottheit vollständig vom Medium Besitz ergriffen hat. Oft werden in wenigen Minuten von den Sekretären neun bis zehn Seiten gefüllt, während das Medium im normalen Tagesbewußtsein Mühe hätte, täglich eine Seite zu schreiben, und dies dann auch nicht ohne Zögern, Ablenkungen, Zwischengedanken und Korrekturen. Wenn die Trance vorbei ist, helfen die Assistenten, die besonderen Kleider abzulegen. Das Medium ist sehr müde. Ich muß mindestens zwei bis drei Stunden ruhen. Der Sekretär hat inzwischen das Orakel getreu aufgezeichnet und unterbreitet es dem Medium zur Bestätigung durch Siegel.

Ich habe Ihnen mit diesem Bericht etwas von der direkten Erfahrung eines Mediums zweier der wichtigsten tibetischen Gottheiten mitgeteilt. Das ist ein besonderer Tag, weil ein Medium normalerweise nicht viel über seine Erfahrungen spricht, denn es sind heilige Erfahrungen.«

Inzwischen hat sich das violettfarbene Halbdunkel des südindischen Abends über den Ashram gesenkt. Wir verharren in der Stille, die den Worten des Lamas nachfolgt. Nur die Grillen zirpen, und von Ferne hört man die Rufe der Bauern und Fischer des Dorfes, die im Kaveri-Fluß ihr abendliches Bad nehmen. Das Geheimnis dieser geistigen Welt schwingt lautlos in den Herzen der Ashramiten und Gäste nach, bis die Glocke der Kapelle zum Abendgebet läutet.

Der Kuten Lama spricht ein Schlußwort: »Ich habe die Verantwortung eines Mediums mehr als vierzig Jahre lang getragen. Ob ich meinem Ruf gerecht geworden bin, muß an der Genauigkeit der Orakel gemessen werden, und auch daran, ob sie den Bittstellern wirklich geholfen haben. Falls ich erfolgreich gewesen bin, dann nicht dank meiner besonderen geistigen Begabung oder Gelehrsamkeit. Es ist allein das gnadenvolle Werk der beiden Gottheiten, die sehr hochstehende Bodhisattvas sind und zu einer Welt jenseits der hiesigen, die aus Leid und Wiedergeburt besteht, gehören. Und es ist auch das Verdienst der großen Meister, die mit dieser Gottheit verbunden sind und deren Namen ich schon nannte, sowie auch der zahlreichen Mönche und Laien, die diesen tibetischen Lamas vertrauen und folgen.«

Zur Deutung der Erlebnisse

Medien für bedeutende göttliche Wesenheiten sind heute auch unter den Tibetern seltener geworden. Deshalb ist Choeyang Dulzin Kuten überall bekannt. Er ist eines der ältesten tibetischen Medien. Unter jüngeren Tibetern, die als Medien wirken, ragt vor allem Panglung Gyaltsen vom Sera Kloster heraus. Er dient demselben göttlichen Wesen *Shugden*, nur in einem anderen Aspekt und unter anderem Namen.

Der Unterscheidung der Geister sowie der Überprüfung der Medien in bezug auf die Zuverlässigkeit der Orakel mißt man große Bedeutung bei. Denn ganz unabhängig von der Macht eines göttlichen Wesens kann das Medium das Orakel verfälschen, wenn es nicht seiner Verantwortung entsprechend lebt. In Tibet ordnet die Regierung alle zehn Jahre eine Prüfung aller Medien an. Falls die Orakel ungenügend oder gar falsch gewesen sind, wird dem Medium die Befugnis entzogen, weiterhin Orakel zu geben. Dann werden auch die Kleider und Insignien der Gottheit, die das Medium während der Trance anlegt, eingezogen und im Kloster verwahrt. Ein solcher Entzug der Befugnis ereignet sich nach Aussagen des Kuten Lama aber nur etwa einmal in zehn Jahren, wohlgemerkt: in bezug auf höhere göttliche Wesenheiten. Lokale Orakel niederer geistiger Wesen werden weniger genau beobachtet und geprüft.

Es heißt, daß es in Tibet vor der chinesischen Besetzung etwa fünftausend Medien gegeben habe, von denen das höchste und für ganz Tibet maßgebende Medium das Orakel von Nechung ist.

Am nächsten Tag haben wir Gelegenheit, Fragen zu stellen: *Wie erlangt das göttliche Wesen sein Wissen? Gibt es auch für Gottheiten eine Grenze der Erkenntnis? Weiß das göttliche Wesen alles im voraus, oder liest es hellsehend die Gedanken anderer Wesen?*

»Das Medium ist eine menschliche Person. Deshalb weiß der Kuten nicht mehr als andere auch. Er kann nicht einmal genau sagen, welche Gegenstände sich etwa in diesem Raum befinden, geschweige denn die spirituellen Belange anderer Menschen erkennen«, erläutert der Kuten Lama. »Während der Trance allerdings wird dieser Körper von einem Wesen erfüllt, das dieser Welt raum-zeitlicher Begrenzungen enthoben ist. Deshalb ist für dieses Wesen ein Wissen, das unsere natürlichen Beschränkungen übersteigt, durchaus möglich. Wesen in den sogenannten feinstofflichen Bereichen verfügen über psychische Kräfte, die Menschen normalerweise nicht besitzen. Aber auch diese Kräfte sind begrenzt. So wie in dieser Welt die Fähigkeiten, Anlagen und Gaben verschiedener Menschen ganz unterschiedlich sind, so unterscheiden sich auch jene geistigen Wesen voneinander, und das hängt an verschiedenen Faktoren, nämlich an ihren karmischen Voraussetzungen, die in früheren Leben geformt worden sind. Ein höherer Status spiritueller Vervollkommnung während des Erdenlebens resultiert natürlicherweise in einem höheren feinstofflichen Stadium. Sollte es sich um ein Wesen handeln, das sich einzig und allein deshalb manifestiert, weil es anderen Lebewesen zu helfen wünscht, so handelt es sich um einen hochstehenden *Bodhisattva*. Die Tiefe des Wissens eines solchen Wesens ist unerschöpflich. In diesem Fall spricht man von Schutzgottheiten.
Alles hängt also an dem Charakter des göttlichen Wesens. Einige sind begrenzt, andere sind in ihrem Wissen und hinsichtlich anderer Qualitäten unbegrenzt. Alle aber haben Anteil an dem einen Geistkontinuum.«
»Baut das Medium mit der Gottheit während seines normalen Lebens eine persönliche Beziehung auf, oder ist die Verbindung beider auf den Zustand der Trance beschränkt?«, wollen wir weiter wissen.
»Die besondere Beziehung zwischen Gottheit und Medium, die während der Trance besteht, existiert während des normalen Bewußtseinszustandes des Mediums nicht. Dennoch, wenn das Medium die Freundlichkeit der Gottheit erlebt und seine Dankbarkeit in das tägliche Leben einbezieht, so wird die Gunst der Gottheit am Medium noch sichtbarer werden als an anderen Menschen, denn der

besondere Dienst des Mediums ist eine Gunst der Gottheit. Sollte das Medium beleidigt werden, so fühlt sich auch die Gottheit angegriffen. Nicht wahr, wenn jemand den guten Sekretär eines Bischofs beleidigt, so wird dieser ebenfalls gekränkt sein, denn er mag seinen Sekretär gern.«

»Hilft die Gottheit dem Medium, durch den Kreislauf der Wiedergeburten zu gehen und diesen zu überwinden, und wenn, welches Bewußtseinsstadium oder welche spirituelle Reife kann das Medium erreichen?«

»Alle höheren Wesenheiten wirken, um den Menschen auf dem Weg zur Befreiung vom Leiden beizustehen. Ob dieser Segen fruchtbar wird, hängt außerordentlich stark an Einstellung und Lebensweise jedes einzelnen Menschen. Das ist bei einem Medium nicht anders. Wenn die Haltung des Mediums durch Vorurteile oder Stolz geprägt wird, der aus der medialen Funktion erwachsen könnte, so ist die Chance gering, daß ihm die Gottheit auf dem Weg zur Reifung helfen kann. Das Medium ist die Wohnung der Gottheit, die sie bezieht, wenn es notwendig ist. Medium und Gottheit sind aber verschiedene Wesen. Wenn das Medium seinen Auftrag recht versteht und gleichzeitig die geeigneten spirituellen Übungen praktiziert, wird die Gottheit gewiß ihre Gnade ganz besonders auch über ihrem Medium ausschütten.«

Ob eine Gottheit auch Wunder wirke, um Glauben bei den Menschen zu wecken, wollen wir wissen.

Ja, gelegentlich vollziehe eine Gottheit auch ein Wunder. Die wichtigen Schutzgottheiten tun dies aber höchst selten. Die Authentizität des Orakels genügt, um Vertrauen zu schaffen. Gelegentlich könnten aber die Gottheiten auch Gebrauch von ihren übernatürlichen Kräften machen, indem sie etwa ein Schwert so biegen, daß es einen Knoten in der Mitte hat. Man könnte diesen Gegenstand aufbewahren, um die Evidenz der Kraft an spätere Generationen zu vermitteln. Die Unfehlbarkeit des Orakels aber sei viel wichtiger als derartige Äußerlichkeiten. Zwischen den göttlichen Wesenheiten und den hohen Lamas würde ein »Vertrag« geschlossen. Schon deshalb vertrauten die Menschen, und es bedürfe keiner weiteren Beweise.

Zweifellos seien die göttlichen Wesen, von denen wir sprachen, mit der tibetischen Geschichte verbunden. Ihre Attribute und Eigenschaften ergeben sich aus dem Gesamtzusammenhang der tibetischen Bewußtseinsphilosophie. Man könne nicht behaupten, daß diese Wesen in ihrer jeweils spezifischen Form einen universalen Anspruch für die gesamte Erde haben würden. Allerdings seien sie jedoch nichts anderes als Manifestationen universaler geistiger Kräfte, die nicht an Zeit und Raum gebunden sind. Da sie zum Heil für alle Lebewesen wirken wollen, müsse man annehmen, daß sie sich an anderen Orten in anderer Form offenbaren, um Segen spenden zu können.

»Wir, die wir Zweck und Bedeutung jener Gottheiten aus Erfahrung kennen, ordnen sie auf bestimmte Weise ein«, fügt der Kuten Lama hinzu. »Auf diese Weise können wir eine feste Beziehung zwischen Beschützer und Beschütztem aufbauen und bewahren. Bittet man um den gnadenhaften Segen, so wird er gegeben. Bittet man um die Erfüllung eines Wunsches, so wird er erfüllt, wenn er nicht dem Wohl anderer Lebewesen zuwiderläuft.«

Begrenztere geistige Wesen kümmern sich um das Wohl einer Familie oder eines Dorfes. Sie haben nur lokale Bedeutung. Aber die bedeutenden Schutzgottheiten manifestieren sich tausendfach, gleichzeitig und an allen Orten, um allen Lebewesen Beistand geben zu können. Sie mögen in anderen Ländern und für andere Menschen ganz anders erscheinen als in Tibet, und doch wurzeln sie alle in dem einen unermeßlichen Grund des Geistes. In der Tat, ein Universum voller Gnade.

Choeyang Dulzin Kuten schließt seine Erläuterungen: »Jeder von uns hat seine Ansichten über das Wesen des Menschen. Ich habe Ihnen alles gesagt, was ich über die Gottheiten weiß. Das könnte eine gute Basis für die weitere Erforschung dieser geistigen Welt sein. Ich bitte keinen, alles, was ich sage, einfach zu glauben. Machen Sie eigene Erfahrungen und prüfen Sie selbst. Aber als eines der wichtigen tibetischen Medien spüre ich die Verpflichtung zu sprechen, denn wer sonst könnte es tun?«

Anmerkungen

1 Vgl. M.v.Brück, Denn wir sind Menschen voller Hoffnung, Gespräche mit dem XIV. Dalai Lama, München: Chr. Kaiser [2]1988.

2 Garma C.C. Chang (Hrsg.), The Hundred Thousand Songs of Milarepa, 2 Bde., Boulder & London: Shambhala 1977

3 Shântideva Bodhicaryâvatâra X, 1-2, 41, 55; zit. nach der Übersetzung von E. Steinkellner, Eintritt in das Leben zur Erleuchtung, Düsseldorf: Diedrichs 1981, 142ff.

4 Verdienst (skt. *punya*, tib. *bsod nams*): Es handelt sich nicht um äußeren Verdienst, sondern um positive Bewußtseinsformungen, die das Wesen des handelnden Subjektes verändern. Sie werden anderen – in einem »Energietransfer« – zur Hilfe dargebracht.

5 Meist wird das Sanskritwort *samyak* mit »recht« wiedergegeben, was einen gewissen Moralismus intendiert, der gerade überwunden werden soll. Es geht vielmehr jeweils um eine ganzheitliche Anschauung des betreffenden Aspektes, und ich habe entsprechende Übersetzungen gewählt.

6 Lama Anagarika Govinda, Grundlagen tibetischer Mystik, Weilheim: O.W. Barth [3]1972, 75f.

7 Govinda, a.a.O., 331.

8 Lama Anagarika Govinda, Buddhistische Reflexionen, Weilheim/München: O.W. Barth 1983, 274f.

9 Vgl. Lati Rinbochay, Mind in Tibetan Buddhism, London: Rider 1980, 49ff.

10 E. Napper, Introduction to: Lati Rinbochay, Mind in Tibetan Buddhism, a.a.O., 19, listet die Schulen auf, die diese Theorie akzeptieren (Sautrântika, Cittamâtra, Yogâcâra-Svâtantrika-Mâdhyamika) und die sie aus erwähntem Grund ablehnen (Vaibhâshika, Sautrântika-Svâtantrika- Mâdhyamika, Prâsangika-Mâdhyamika).

11 Vgl. Jeffrey Hopkins, Meditation on Emptiness, London: Wisdom Publ. 1983, 238ff.

12 Der XIV. Dalai Lama, Logik der Liebe, München: Dianus Trikont 1986, 63f.

13 Hopkins, a.a.O., 93.

14 So selbst bedeutende Gelehrte wie H.v. Glasenapp, Pfad zur Erleuchtung. Buddhistische Grundtexte, Düsseldorf: Diedrichs ^{2}1980, 13.

15 Um Mißverständnissen vorzubeugen, sei noch einmal betont, daß das Klare Licht keine »Geistsubstanz« ist, sondern sein Wesen ist die Leerheit. Es ist gewissermaßen das Integral des in Polaritäten sich manifestierenden Wirklichkeitsaufbaus, von den subtilsten Bewußtseinsebenen bis zur Materie. Es ist reine Lichthaftigkeit und vollkommenes Durchdringen, weshalb es auf den weniger subtilen Ebenen, die gleichsam den Bewußtseinsfluß durch ihre eigenen Kondensate blockieren, nicht erfahrbar ist.

16 H.H. the Dalai Lama, Heart of Mantra, in: The Yoga of Tibet, London: Allan & Unwin, 1981 19ff.

17 Vgl. Geshe Kelsang Gyatso, Clear Light of Bliss, London: Wisdom Publ. 1982, 67ff.

18 Vgl. dazu auch: Kalu Rinpoche, The Dharma, Albany: State Univ. of New York Press 1986, 55-64; leicht davon abweichend D.-I. Lauf, Geheimlehren tibetischer Totenbücher, Freiburg: Aurum 31979, 54ff.

19 Quellen für die folgenden Erläuterungen sind: Der XIV. Dalai Lama, Logik der Liebe, a.a.O., 213ff.; Geshe Kelsang Gyatso, Clear Light of Bliss, a.a.O., 17ff., sowie mündliche Belehrungen durch den Dalai Lama, Lati Rinpoche und Zong Rinpoche.

20 Dalai Lama, The Kalacakra Tantra. Rite of Initiation, London: Wisdom Publ. 1985, 272f.

21 Dalai Lama, Logik der Liebe, a.a.O., 223.

22 Lati Rinbochay, Death, Intermediate State and Rebirth in Tibetan Buddhism, London: Rider 1979, 69ff.; Geshe Kelsang Gyatso, a.a.O., 31f., 91ff.

23 Lama Anagarika Govinda, Buddhistische Reflexionen, München: Barth/Scherz 1983, 183.

24 Nâgârjuna (um 200 n.Chr.) und sein Schüler Âryadeva sind die Begründer der in Tibet allgemein akzeptierten Mâdhyamika-Schule des Mahâyâna-Buddhismus. Asanga (um 350 n.Chr.) systematisierte die Prajñâpâramitâ-Texte und gilt als bedeutender Meditationsmeister. Er bekehrte seinen Bruder Vasubandhu zum Mahâyâna-System, der das grundlegende Kompendium Abhidharmakosha schrieb, wäh-

rend Dignâga (480-540 n. Chr.) und Dharmakîrti (600-660 n. Chr.) die Meister der Logik sind.

25 Quelle: The Sublime Path of the Victorious Ones. A book of Mahayana Prayers, Dharamsala: Library of Tibetan Works and Archives 1981, 33f.

26 Bhagvan Shâkyamuni Stotra (Triratnadasa), zit. nach: The Sublime Path, a.a.O., 44ff.

27 G. Tucci, Die Religionen Tibets, in: G. Tucci/W. Heissig, Die Religionen Tibets und der Mongolei (Die Religionen der Menschheit, Hrsg. Chr.M. Schröder, Bd. 20), Stuttgart: Kohlhammer 1970, 220.

28 Dalai Lama, Logik der Liebe, a.a.O., 137ff.; Der Text der acht Strophen ist abgedruckt: The Eight Verses of Training the Mind, Tibet House Publ., New Delhi o.J.

29 Neigung und Abneidung, Erstreben und Verlieren, Loben und Tadeln, Beachtung von Ruhm und Schande.

30 M. Eliade, Shamanism, Princeton Univ. Press 1972, 4.

31 J. Halifax, Die andere Wirklichkeit der Schamanen, München: Goldmann 1985, 11f.

32 Vgl. J. Avedon, In Exile from the Land of Snows, London: M. Joseph Ltd. 1984, 199ff.

33 R.A. Stein, Tibetan Civilization, Stanford Univ. Press 1972, 68.

34 Für Geschichte und Struktur der tibetischen Siedlungen in Südindien: T.C. Palakshappa, Tibetans in India. A Case Study of Mundgod Tibetans, New Delhi: Sterling Publ. 1978, 16ff.

Glossar

skt. = Sanskrit; *tib.* = Tibetisch

anumâna, *skt.*	Schlußfolgerung
Arhat, *skt.*	Heiliger des Hînayâna-Buddhismus
avidyâ, *skt.*	Unwissenheit
bardo, *tib.*	Zwischenzustand (vor allem zwischen Tod und Wiedergeburt)
bodhicitta, *skt.*	altruistisch motiviertes Trachten nach Erleuchtung
bodhisattva, *skt.*	Wesen auf dem Erleuchtungswege, Erleuchteter, der anderen Wesen auf dem Weg beisteht (Heiliger des Mahâyâna-Buddhismus)
Bon, *tib.*	vorbuddhistische tibetische Religion, heute noch vereinzelte Lehrrichtungen, die stark vom Buddhismus beeinflußt sind
cakra, *skt.*	Zentren feinstofflicher Energie, am Zentralkanal entlang der Wirbelsäule gelegen
citta, *skt.*	Geist, Bewußtseinskontinuum
dâkinî, *skt.*	»Himmelsgeher«, feminine Erleuchtungsenergien, symbolisiert in weiblichen geistigen Wesenheiten
dharma, *skt.*	Weltgesetz, Einsicht in das Wesen der Wirklichkeit, allgemein auch: buddhistische Praxis
dharmakâya, *skt.*	transzendenter Geist-Körper
duhkha, *skt.*	Leiden daran, daß die ichhaften Projektionen unwirklich sind
jñâna, *skt.*	Erkenntnis
karman, *skt.*	umfassender, die moralischen Qualitäten einschließender Ursache-Wirkungs-Zusammenhang
karunâ, *skt.*	heilende Hinwendung

kuten, *tib.*	»körperliche Stütze«, Medium
Lama, *tib.*	geistiger Lehrer
mandala, *skt.*	zwei- oder dreidimensionale Anordnung von Symbolen für Bewußtseinskräfte
mantra, *skt.*	Klänge oder rezitierte Strophen, die Bewußtseinskräfte symbolisieren und aktivieren
nirmânakâya, *skt.*	körperliche Manifestationen oder Inkarnation
nirvâna, *skt.*	Verlöschen des Ich-Wahns
prajñâ, *skt.*	Weisheit, Erkenntnis der Leere
pratyaksha, *skt.*	direkte Erkenntnis
prâna, *skt.*	energetische Grundkräfte im feinstofflichen Bereich
punya, *skt.*	positive Bewußtseinsformung
Rinpoche, *tib.*	»kostbarer Meister«, Ehrentitel für hochgestellte Lamas oder Gelehrte
samâdhi, *skt.*	meditative Stabilisierung und Quilibrium der Bewußtseinskräfte
shamatha, *skt.*	Ruhen des Geistes auf einem Punkt
sambhogakâya	Seligkeitskörper im feinstofflichen Bereich
samsâra, *skt.*	Kreislauf der Wiedergeburten
skandha, *skt.*	Daseinsaggregat
shûnyatâ, *skt.*	Leere in bezug auf inhärente Existenz
sushumnâ, *skt.*	Zentralkanal der subtilen Energien, der entlang der Wirbelsäule verläuft und die cakras miteinander verbindet
sûtrayâna, *skt.*	Buddhismus, der sich auf die Literatur der Sûtras beruft (im tibetischen Buddhismus unbedingte Voraussetzung für alle weiterführenden Methoden)
tantrayâna, skt.	Buddhismus, der die tantrische Praxis als zusätzliche Methode zu den Sûtras lehrt
Tathâgata, *skt.*	Der »So-Gegangene«, der in die vollendete Erleuchtung Eingegangene, Titel des Buddha
tushita, *skt.*	Himmel, besiedelt von Buddhas, die noch einmal auf die Erde zurückkehren, Sitz des kommenden Buddha Maitreya
vipashyanâ	tiefe Einsicht in das Wesen der Wirklichkeit

Literaturhinweise

Übersetzungen

M.v. Borsig (Hrsg.), Lotos-Sûtra. Sûtra von der Lotosblume des wunderbaren Gesetzes, Gerlingen 1992

M.v. Brück (Hrsg.), Weisheit der Leere. Sûtra-Texte des indischen Mahâyâna-Buddhismus, Zürich 1989 (Taschenbuch: Heyne 9614, München 1992)

E. Conze (Hrsg.), Im Zeichen Buddhas. Buddhistische Texte, Hamburg 1957

E. Frauwallner, Die Philosophie des Buddhismus (Texte der indischen Philosophie Bd. 2), Berlin 1956

H.v. Glasenapp (Hrsg.), Pfad zur Erleuchtung. Buddhistische Grundtexte, Köln 1980

J. Mehlig (Hrsg.), Weisheit des alten Indien, Bd. 2: Buddhistische Texte, München 1987

R.v. Muralt (Hrsg.), Meditations-Sûtras des Mahâyâna-Buddhismus, Zürich 21979

Nyanaponika (Hrsg.), Milindapañha. Aus dem Pâli übersetzt von Nyanatiloka, Interlaken 1985

E. Steinkellner (Hrsg.), Shântideva. Eintritt in das Leben zur Erleuchtung, Düsseldorf-Köln 1981

T. Vetter (Hrsg.), Der Buddha und seine Lehre in Dharmakîrtis Pramânavârttika, Wien 1984

M. Winternitz, Der Mahâyâna-Buddhismus. Nach Sanskrit- und Prakrittexten, Tübingen 1930

Zum Buddhismus allgemein

H. Bechert/ R. Gombrich (Hrsg.), Die Welt des Buddhismus, München 1984

E. Conze, Der Buddhismus. Wesen und Entwicklung, Stuttgart 101995

H. Dumoulin (Hrsg.), Buddhismus der Gegenwart, Freiburg 1970

H. Dumoulin, Begegnung mit dem Buddhismus, Freiburg 1978 (Neuausgabe 1982)

H. Dumoulin,Spiritualität des Buddhismus. Einheit in lebendiger Vielfalt, Mainz 1995

H.-J. Klimkeit, Der Buddha. Leben und Lehre, Stuttgart 1990

H. Küng/ J.van Ess/ H. von Stietencron/ H. Bechert, Christentum und Weltreligionen, München 1984

H. Nakamura, Ways of Thinking of Eastern Peoples, Honolulu 1964

R. Panikkar, Gottes Schweigen. Die Antwort des Buddha für unsere Zeit, München 1992

Sangharakshita, A Survey of Buddhism, Boulder-London 1980
H.W. Schumann, Buddhismus. Stifter, Schulen und Systeme, Olten-Freiburg 1976

Zum tibetischen Buddhismus

J.F. Avedon, In Exile from the Land of Snows, London 1984
M. Brauen, Das Mandala. Der Heilige Kreis im tantrischen Buddhismus, Köln 1992
M.v. Brück,Denn wir sind Menschen voller Hoffnung. Gespräche mit dem XIV. Dalai Lama, München 21988
M. Craig,Tränen über Tibet. Der Bericht über die Unterdrückung der Tibeter und die Zerstörung ihrer Kultur, Bern 1993
E. u. L. Dargyay (Hrsg.), Das tibetische Buch der Toten, Bern-München-Wien 1977
Dalai Lama, Ausgewählte Texte, München 1987
Dalai Lama, Logik der Liebe, München 1986 (Neudruck 1989)
Dalai Lama, Das Buch der Freiheit. Die Autobiographie des Friedensnobelpreisträgers, Bergisch-Gladbach 1990
Dalai Lama, Der Friede beginnt in dir. Zur Überwindung der geistig-moralischen Krise in der heutigen Weltgemeinschaft, München 1994
R. Degenhardt/ I. Flemmig (Hrsg.), Gemeinsam handeln. Der Dalai Lama im Gespräch mit Carl Friedrich von Weizsäcker, Gütersloh 1994
W.Y. Evans-Wentz, Milarepa. Tibets großer Yogi, Weilheim 1971
A. Govinda, Grundlagen tibetischer Mystik, Frankfurt a.M. 1975
A. Govinda, Der Weg der weißen Wolken, Bern-München-Wien 1978
A. Govinda, Buddhistische Reflexionen, Bern-München-Wien 1983
H. Hoffmann, Die Religionen Tibets, Freiburg-München 1956
J. Hopkins (Hrsg.), Tantra in Tibet, Düsseldorf-Köln 1980
J. Hopkins, Meditation on Emptinesss, London 1983
P. Kelly/ G. Bastian/ P. Aiello, The Anguish of Tibet, Berkeley 1991
Lati Rinpoche/ J. Hopkins, Stufen zur Unsterblichkeit, Köln 1983
D.-I. Lauf, Das Erbe Tibets, Bern 1975
D.-I. Lauf, Geheimlehren tibetischer Totenbücher, Freiburg 31979
A. Lavizzari-Raeuber, Thangkas. Rollbilder aus dem Himalaya, Köln 21986
Th. Ngawang, Tod, Bardo und Wiedergeburt, Hamburg 1985
Th. Ngawang, Genügsamkeit und Nichtverletzen. Natur und spirituelle Entwicklung im tibetischen Buddhismus. Mit Beiträgen des Dalai Lama, Freiburg-Basel-Wien 1995
Geshe Rabten, Das Buch vom heilsamen Leben, vom Tod und der Wiedergeburt. Der Befreiungsweg im tibetischen Buddhismus, Freiburg 1995
W. D. Shakabpa, Tibet. A Political History, New York 1984
L. Söpa/ J. Hopkins, Der tibetische Buddhismus, Köln 1977
Tibet – Traum oder Trauma?, Gesellschaft für bedrohte Völker, progrom TB 1015, Göttingen-Wien 1987
R.A. Stein, Tibetan Civilization, Stanford: Univ. Press 1972 (französ. Originalausgabe Paris: Dunod 1962)
G. Tucci/ W. Heissig, Die Religionen Tibets und der Mongolei, Stuttgart-Berlin-Köln-Mainz 1970